O ANTI-MAQUIAVEL

O ANTI-MAQUIAVEL
Frederico II

Tradução
IVONE C. BENEDETTI

SÃO PAULO 2014

Esta obra foi publicada originalmente com o título
L'ANTI-MACHIAVEL
Copyright © 2014, Editora WMF Martins Fontes Ltda.,
São Paulo, para a presente edição.

1ª edição 2014

Tradução
Ivone C. Benedetti
Acompanhamento editorial
Luzia Aparecida dos Santos
Revisões gráficas
Ana Maria de O. M. Barbosa
Maria Regina Ribeiro Machado
Edição de arte
Katia Harumi Terasaka
Produção gráfica
Geraldo Alves
Paginação
Moacir Katsumi Matsusaki

Dados Internacionais de Catalogação na Publicação (CIP)
(Câmara Brasileira do Livro, SP, Brasil)

Frederico II, Rei da Prússia, 1712-1786.
   O anti-Maquiavel / Rei da Prússia Frederico II ; tradução Ivone C.
Benedetti. – 1. ed. – São Paulo : Editora WMF Martins Fontes, 2014. –
(Coleção clássicos WMF)

   Título original: L'anti-machiavel
   ISBN 978-85-7827-881-6

   1. Filosofia 2. História – Filosofia 3. Política – Filosofia I. Título.
III. Série.

14-07043   CDD-901

Índices para catálogo sistemático:
1. Filosofia política : História   901
2. Política e história   901

Todos os direitos desta edição reservados à
Editora WMF Martins Fontes Ltda.
Rua Prof. Laerte Ramos de Carvalho, 133 01325-030 São Paulo SP Brasil
Tel. (11) 3293-8150 Fax (11) 3101-1042
e-mail: info@wmfmartinsfontes.com.br http://www.wmfmartinsfontes.com.br

Índice

Apresentação VII
Prefácio de Voltaire XXV
Refutação ao Príncipe de Maquiavel XXIX

O anti-Maquiavel 1

Maquiavel, as Luzes francesas e Frederico II

Apenas alguns anos após a primeira edição de *O Príncipe*, na Itália, a obra de Maquiavel começa a ser traduzida e publicada na França. Nos séculos seguintes, cresce nos meios eruditos franceses o interesse pela obra do florentino. Durante a época das Luzes, o *Príncipe*, assim como os *Discursos sobre a primeira década de Tito Lívio* e a *História de Florença* são leitura obrigatória para todos os *philosophes* que se interessam por política[1]. Multiplicam-se, junto com as novas edições, as refutações das ideias de Maquiavel, sobretudo relativamente ao *Príncipe*, dentre as quais aquela que teve maior fortuna foi o *Anti-Maquiavel* de Frederico da Prússia, tanto pelo prestígio de que gozava seu autor, rei da Prússia, quanto pelo fato de que a obra refletia uma visão muito difundida, desde os primeiros antimaquiavelistas, segundo a qual o pensador florentino propunha uma política da dominação, do excesso e da desmedida, ao mesmo tempo que fazia a apologia da impostura, da mentira e da ilusão.

....
1. Para a questão da recepção de Maquiavel na França na época das Luzes, ver *Machiavel em France – Des Lumières à la Révolution Française*, Paris, L'Harmathan, 2007. A respeito da recepção geral do *Príncipe* na tradição do pensamento político moderno, ver o livro fundamental de Claude Lefort, *Machiavel, le travail de l'oeuvre*. Paris, Gallimard, 1972.

Ao lado dessa interpretação, circulava entre os escritores uma outra leitura, que recusava esse antimaquiavelismo em nome da afirmação de que, bem compreendido, o livro *O Príncipe*, ao mostrar qual a melhor conduta do governante para manter seu poder, não se dirigia aos príncipes para ensiná-los a governar, mas aos povos, para que se prevenissem precisamente contra as ações de seus governantes. Nesse sentido, o livro de Maquiavel não seria um manual para os governantes, mas serviria para proteger os povos de seus príncipes, uma sátira, entendida como peça literária cujo fim era, por meios indiretos, criticar o vício e exaltar a virtude[2].

Essas duas leituras do *Príncipe*, a primeira, a de Maquiavel republicano disfarçado em conselheiro dos tiranos ou déspotas, e a outra, a de um Maquiavel partidário dos governos tirânicos, estão bem representadas na *Enciclopédia* das Luzes, nos verbetes "Política" e "Maquiavelismo".

No verbete "Política", o autor, anônimo, diz que Maquiavel é acusado, por causa de seu livro, de "ter transformado a traição em arte e em ciência" e "de ter dado o nome de política à má-fé dos governantes". Ora, continua o autor do verbete, aqueles que imaginam que um príncipe só é grande se for hipócrita, caem num grande erro. Maquiavel, na verdade, ensina os príncipes a fazer promessas que não serão cumpridas, a seduzir os súditos com reconciliações fingidas, a lhes preparar emboscadas, a esconder sob uma falsa precaução a falsidade, o perjúrio e a dissimulação. Ora, o autor do verbete se situa num horizonte da reflexão política absolutamente oposto ao de Maquiavel: na sua opinião, os monarcas devem ser guiados pelas virtudes tradicionais: a prudência "verdadeira", a franqueza, a sinceridade,

---

2. No verbete "Sátira", da *Enciclopédia*, o autor afirma que, no espírito de um escritor satírico, entram ao mesmo tempo um sentimento de virtude e de maldade, na medida em que, enquanto tem em vista tornar os homens melhores pela virtude, o autor tem prazer em ridicularizar o vício.

O anti-Maquiavel

a justiça, a equidade. Em outras palavras, o bom príncipe é aquele que pratica as virtudes tradicionais, como são descritas nos manuais de conselhos aos príncipes, chamados espelhos dos príncipes[3], e que circulavam nos meios cristãos. É certo que, comparada a esses manuais, a obra de Maquiavel causa escândalo, na medida em que, de certa forma, inverte o gênero do conselho: em vez de dizer que a política deve se guiar pela virtude, ele, ao contrário, diz que a virtude do príncipe deve se guiar, ou deve ser definida, pelas necessidades da política. Não é, pois, gratuitamente que o verbete "Política" se encerra com um elogio do _Anti-Maquiavel_ de Frederico, e com a transcrição da máxima platônica segundo a qual um povo será feliz quando tiver um rei filósofo, o que, no sistema de Platão, significa dizer quando seu rei for o mais sábio e o mais virtuoso.

A outra vertente interpretativa, a de Maquiavel que finge escrever para aconselhar os príncipes, mas efetivamente escreve aos povos para alertá-los precisamente sobre aquilo de que os príncipes são capazes de fazer contra eles, aparece no verbete "Maquiavelismo", de autoria de Diderot. Não deve causar espanto o fato de que o mesmo tema tenha podido receber na obra tratamentos diferentes. Trata-se de uma estratégia muito comum na _Enciclopédia_ a de abordar um mesmo assunto sob duas perspectivas diferentes ou mesmo opostas. Aliás, este não é o único caso em que o próprio Diderot, editor-chefe da _Enciclopédia_, pede a um escritor um verbete, lhe dá liberdade para escrever o que pensa, publica o texto recebido, mas depois escreve outro verbete para dar sua própria opinião ou apresentar outra forma de tratar o assunto.

....
3. A respeito da tradição chamada o espelho dos príncipes, ver Chaui, Marilena de Souza, "Amizade, recusa de servir", in La Boétie, E., _Discurso da servidão voluntária_, São Paulo, Brasiliense, 1999, pp. 221-4, nota.

Frederico II

Para Diderot, quando Maquiavel escreveu seu tratado sobre o príncipe, é como se ele tivesse dito aos seus concidadãos: "leiam bem esta obra. Se por acaso algum dia vocês aceitarem ter um senhor, ele será como eu o descrevo: eis a besta feroz à qual vocês estão se entregando"[4]. Este é, para Diderot, o verdadeiro sentido do livro do autor florentino, que os contemporâneos de Maquiavel não conseguiram apreender. Aliás, continua o autor, Bacon já havia assinalado isso em seu livro sobre o progresso do saber: esse homem, dizia Bacon a respeito de Maquiavel, nada ensina aos tiranos, pois eles sabem muito bem o que devem fazer, mas instrui os povos sobre o que eles devem temer[5].

O caso mais claro de intervenção dessa leitura, por assim dizer, enviesada, do _Príncipe_, mas que revela, de todo modo, uma compreensão de Maquiavel como um pensador republicano, é o de Rousseau. Há, em primeiro lugar, as passagens da obra política de Rousseau, nitidamente inspiradas em Maquiavel. Isso pode ser visto, por exemplo, na história da sucessão dos governos, no _Discurso sobre a desigualdade_, nos capítulos do _Contrato social_ sobre o legislador, na crítica de Rousseau ao recrutamento de exércitos mercenários e à instituição da ditadura romana, assim como no capítulo sobre a religião civil. Interessa-nos, contudo, examinar algumas das passagens de Rousseau que se referem explicitamente ao escritor florentino.

No verbete "Economia política", escrito para a _Enciclopédia_, Rousseau opõe o governo popular ao governo tirâni-

---

4. _Encyclopédie_, verbete "Maquiavelismo".

5. Espinosa, no _Tratado político_, tem posição semelhante à de Bacon: "Talvez Maquiavel tenha querido mostrar também quanto o povo deve evitar entregar sua segurança a um único homem que, se não for vão a ponto de querer agradar a todos, deverá temer constantemente alguma emboscada, e por isto se vir obrigado a velar sempre por sua própria segurança e montar armadilhas para o povo mais do que cuidar dele" (_Tratado político_, 5, 7).

X

co: no primeiro, reina entre o povo e os chefes uma unidade de interesse e de vontade, o outro é aquele em que os governantes e o povo têm interesses diferentes. Aqui entra a referência a Maquiavel: as máximas neste último caso "estão inscritas nos arquivos da história e nas sátiras de Maquiavel"[6]. Embora apareça aqui o termo sátira, que Diderot havia usado, o sentido parece diferente. As máximas de Maquiavel seriam adequadas a regimes tirânicos e não a regimes populares. A ideia da oposição entre os interesses do príncipe e do povo reaparece no *Contrato social*. Segundo Rousseau, Maquiavel mostrou muito bem que o interesse do príncipe é que o povo seja fraco e que não possa resistir a ele, e é natural que ele dará sempre preferência à máxima que lhe for mais imediatamente útil[7].

Essas passagens mostram que Rousseau considera Maquiavel um republicano que foi forçado a esconder seu amor pela liberdade. Numa das notas a esse mesmo capítulo VI do livro III do *Contrato*, ele afirma que "Maquiavel era um bom homem e um bom cidadão"; a oposição entre, de um lado, o *Príncipe*, e, de outro lado, os Discursos sobre Tito Lívio e a sua história de Florença mostram que ele tinha uma intenção secreta que não foi percebida pelos seus leitores, o que indica apenas que esses leitores eram superficiais ou corrompidos. Essa lição secreta consistia em que, "fingindo dar lições aos reis, ele deu grandes lições aos povos"[8]. Assim, continua Rousseau, "o *Príncipe* de Maquiavel é o livro dos republicanos"[9].

Apesar de seus leitores republicanos, formou-se e consolidou-se na tradição o que Claude Lefort denomina uma

---

6. Rousseau. J. J., *Écrits politiques*, Paris, Gallimard, Bibliothèque de la Pléiade, 1964, p. 247.

7. Rousseau, *Du Contrat Social*, III, VI, in *Écrits politiques*, op. cit., p. 247.

8. *Idem, ibidem.*

9. *Idem, ibidem.*

"representação coletiva" segundo a qual os termos maquiavelismo e maquiavélico se incorporaram à linguagem comum como símbolo de astúcia e de imoralidade, e que, no século das Luzes, manifesta-se no *Anti-Maquiavel* de Frederico da Prússia, prefaciado e publicado por Voltaire.

Ao que parece, Voltaire não se interessava por Maquiavel à época em que se encarregou de publicar o texto de Frederico. Aliás, as referências ao escritor florentino são raríssimas na obra voltairiana e não indicam nenhuma posição particular sua em relação ao autor do *Príncipe*. Em contrapartida, ele se interessa pelo rei da Prússia.

Data de agosto de 1736 a primeira carta do ainda príncipe Frederico a Voltaire, que marcará o início de uma correspondência que irá durar 42 anos, estendendo-se até a morte do autor francês em 1778, e que sobreviveu a várias rusgas, mais ou menos graves, que terminavam sempre em reconciliação e louvores recíprocos, sinceros ou não. Frederico tinha 24 anos em 1736, ainda era príncipe real, Voltaire já era um autor célebre. Este chama o príncipe de "Salomão do Norte"; o outro replica chamando Voltaire de "o Virgílio do século"[10].

Uma carta de setembro de 1739 mostra que Frederico já trabalha em seu *Anti-Maquiavel*: o príncipe diz a Voltaire que está lendo tudo o que foi escrito sobre Maquiavel e que precisará de um tempo para digerir todas as leituras[11]. O fato é que, no mesmo ano, ele envia o manuscrito a Voltaire, que aceita ler, propõe-se editá-lo e escrever um prefácio. O livro sai em agosto de 40, época em que, com a morte de seu pai, Frederico já fora coroado rei da Prússia. A edição trazia o texto de Maquiavel, na tradução francesa de Amelot

....

10. Orieux, Jean, *Voltaire ou la royauté de l'esprit*, Paris, Flamarion, 1977, p. 222.

11. *Correspondance de Voltaire avec le roi de Prusse*, notice para E. de Pompery, Paris, Librairie de la Bibliothèque Nationale, 1889.

de la Houssaye e o texto de Frederico, lado a lado[12]. Na verdade Voltaire não publica o manuscrito original, pois ele risca, substitui, acrescenta palavras, expressões e até mesmo frases inteiras no texto que recebera. Parece que Frederico, ao receber um exemplar, não reconheceu sua obra, remanejada que fora por Voltaire.

O prefácio de Voltaire se dedica mais a criticar La Houssaye do que propriamente comentar o *Anti-Maquiavel*. Com efeito, La Houssaye, o tradutor, não é hostil a Maquiavel; ao contrário, rejeita a ideia de que Maquiavel seja um ímpio e amigo da tirania. Para ele, é preciso considerar que Maquiavel "raciocina como um político, ou seja, segundo o interesse do Estado". Ele se situa, portanto, numa posição distinta daquela que é assumida por Frederico.

* * *

Apresentado por Voltaire como *Ensaio de crítica sobre Maquiavel*, o texto de Frederico II pode ser caracterizado, do ponto de vista do estilo, como um discurso demonstrativo[13], ou seja, em todos os momentos o que está em questão

....
12. Amelot de la Houssaye havia traduzido e publicado o *Príncipe* pela primeira vez no final do século XVII. Provavelmente é na tradução de La Houssaye que os filósofos das Luzes liam o texto.

13. Na retórica clássica, apesar das grandes diferenças de concepções e de regras entre diferentes autores, pode-se afirmar que há três gêneros de discurso: o demonstrativo, o judiciário e o deliberativo. Os gêneros podem estar, de algum modo, misturados, ou seja, pode haver componentes de um gênero na composição de um discurso de outro, mas, em termos gerais, a finalidade dos discursos pode ser assinalada nos seguintes termos: o discurso demonstrativo é o gênero utilizado para o elogio ou para a reprovação de alguém ou de algo e sua finalidade é o honesto, ou seja, o virtuoso; o discurso judiciário é o gênero utilizado para defender ou acusar e sua finalidade é a equidade; o discurso deliberativo é o gênero utilizado para aconselhar ou desaconselhar e sua finalidade, para Aristóteles, é a utilidade, para Cícero, a utilidade e a honestidade. Ou, nas próprias palavras de Frederico: "O objetivo de

é a condenação da obra e do próprio Maquiavel, "o mais malvado, o mais celerado dos homens" (cap. XVIII, p. 101). Compatível com a preceituação do gênero demonstrativo, o texto é adornado, em oposição ao tom reconhecidamente seco do texto de Maquiavel, que é fiel à declaração que consta na dedicatória de seu tratado: "Não ornei nem sobrecarreguei esta obra de longos períodos, nem de palavras pomposas e magníficas, nem de nenhum outro atrativo ou ornamento exterior com que muitos costumam descrever e ordenar suas coisas." O texto de Frederico, ao contrário, é exaltado e repleto de adjetivos e repetições que visam enfatizar a censura ao autor monstruoso[14] e a indignação de Frederico, que marcam a distância com relação ao seu próprio comportamento e a suas concepções como futuro governante. Esse contraste é ainda mais claro quando se verifica, como se pode fazer nesta edição, os vários e os longos trechos que Voltaire suprime, retirando, entre outras coisas, o excesso de argumentação e de ornamentação.

Esta apresentação do discurso do *Anti-Maquiavel*, que pretende construir uma trajetória do processo de condenação moral e de aniquilação do valor teórico de Maquiavel empreendido por Frederico II, não acompanha a sequência de argumentos tais como expostos por ele. Ao seguir a ordem do *Príncipe*, visto que pretende compor seu discurso refutando ponto a ponto os ensinamentos de Maquiavel, os argumentos empregados mais se acumulam que se complementam e, frequentemente, encontram-se soterrados pelo

....

um orador deve ser o de defender o inocente contra o opressor ou contra aquele que o calunia, expor os motivos que devem levar os homens a fazer uma opção ou tomar uma resolução de preferência a outra, *mostrar a grandeza e a beleza da virtude com aquilo que o vício tem de abjeto e disforme*" (cap. XVIII, p. 177, grifos nossos).

14. "Ouso assumir a defesa da humanidade contra um monstro que quer destruí-la" (Prefácio, p. 98).

XIV

excesso de zelo em expor o que o "vício tem de abjeto e disforme".

Apesar de essa preocupação ser marcante, as refutações dos argumentos do *Príncipe* não se limitam à notória imoralidade de Maquiavel; elas vão mais longe e atacam a própria construção do conhecimento que ele propõe: "Se a malvadez de Maquiavel horroriza, seus raciocínios causam pena, e teria sido melhor que ele aprendesse a raciocinar bem em vez de ensinar sua política monstruosa" (cap. V, p. 24)[15]. Mais à frente, no comentário ao capítulo XVIII do *Príncipe*[16], Frederico novamente unirá a denúncia do crime ao raciocínio falho, desta vez afirmando que é justamente a defesa do crime que o obriga a usar falsos argumentos: "Maquiavel, o mais malvado, o mais celerado dos homens, emprega nesse capítulo todos os argumentos que lhe são sugeridos por seu furor para defender o crime; mas resvala

....

15. Pode-se observar que, por vezes, é o erro da tradução utilizada que leva a um longo injustificado arrazoado sobre a imoralidade de Maquiavel. Frederico acusa Maquiavel de utilizar um eufemismo para se referir ao assassinato – fazer sair do mundo – e afirma que ele "usa perífrase para os crimes, pois seu coração, revoltado contra seu espírito, não conseguiria digerir crua toda a execrável moral que ensina" (cap. XII, p. 70). Ao consultar o original, entretanto, não encontramos nenhum eufemismo e deparamos com a palavra *ammazare* (matar), providência que teria poupado a Frederico uma boa quinzena de linhas que, aliás, não são suprimidas por Voltaire. Há também outras passagens em que a tradução torce o texto de modo que propicie uma interpretação ao menos dúbia, como quando a tradução apresenta a afirmação: "Como todos os homens são celerados e a todo momento deixam de cumprir a palavra, não sois obrigado a manter a vossa" (cap. XVIII, p. 104). No original, temos: "Se os homens fossem todos bons, esse preceito não seria bom, mas, como são maus e não observam sua fé para contigo, tampouco tens de cumprir a tua", o que, embora semelhante, torna discutível a interpretação que gera a argumentação que se seguirá sobre a debilidade do raciocínio do acusado. Não se trata aqui, entretanto, de defender Maquiavel, mas de fazer notar a base de alguns dos ataques.

16. De onde normalmente se infere a famosa máxima "os fins justificam os meios".

Frederico II

e cai com tanta frequência nesse infame caminho, que eu não faria outra coisa se tentasse marcar os seus tombos. A desordem, os falsos raciocínios encontrados nesse capítulo são inúmeros; de toda a obra, esse talvez seja o capítulo no qual reina a maior malícia ao lado da maior fraqueza. A lógica nele é tão ruim quanto é depravada a moral" (cap. XVIII, p. 102). Desse modo, fica implicado que o mal é indefensável, não apenas porque é mal, mas porque não é lógico; o bem, defendido por Frederico, é também a razão. Assim, o argumento de que algo pode ser imoral, mas ser útil, é interditado. Considerações como esta são frequentes ao longo do livro e buscam aniquilar qualquer valor político que os ensinamentos de Maquiavel possam ter, pois não levam apenas ao crime como também ao fracasso. César Borgia é o "monstro mais abominável que o inferno já vomitou na terra" (cap. VII, 38) e, apesar de Maquiavel ressaltar "a felicidade da perfídia", o fato é que "o maior celerado, [o maior traidor,] o mais pérfido dos homens, esse César Borgia, herói de Maquiavel, foi [efetivamente] muito infeliz" (cap. XVIII, 106). Assim, a perfídia não leva ao sucesso, ao contrário, e seguir os ensinamentos de Maquiavel, segundo Frederico, levariam antes ao prejuízo que ao benefício. Portanto, a eficácia política depende da ação que busca o bem. Nos termos da filosofia moral, o útil e o honesto não se opõem, eles são o mesmo. O príncipe defendido por Frederico é o oposto do modelo de Maquiavel; naquele se reúnem todas as virtudes, neste todos os vícios: "Comparai o príncipe [do Sr.] de Fénelon com o de Maquiavel; vereis num [o caráter de um homem de bem], bondade, [justiça], equidade, todas as virtudes, [em suma, elevadas a um grau eminente]; parece que se trata daquelas inteligências puras nas quais se diz que a sabedoria está encarregada de vigiar o governo do mundo. Vereis no outro a canalhice, [o ardil], a perfídia, [a traição] e todos os crimes; [é um monstro, em suma, que o próprio

O anti-Maquiavel

inferno teria dificuldade para produzir]" (cap. VII, p. 32). E a virtude, por sua vez é a garantia da conservação de si mesmo, ao contrário do que afirma o capítulo XV do *Príncipe*. Frederico afirma: "Mesmo que não houvesse justiça na terra e nenhuma Divindade nos céus, seria preciso que os homens fossem virtuosos, pois a virtude os une e lhes é absolutamente necessária para a conservação, e o crime só pode torná-los desafortunados e destruí-los" (cap. VIII, p. 45).

Por fim, essa conjunção entre o vício e o erro leva Maquiavel à inconsistência. Ele "fala a linguagem dos oráculos, pode ser interpretado como se quiser; mas essa linguagem oracular, diga-se de passagem, é a linguagem dos trapaceiros" (cap. XIX, p. 114). Ao não defender uma ação efetivamente útil, ele se perde e aconselha coisas contraditórias. A ausência de lógica, portanto, aflige não apenas cada conselho particular, mas o conjunto, pois o único fundamento de seu ensinamento é o desejo de ensinar o crime que, como vimos, é também um erro da razão. Como resultado, o modelo de príncipe proposto por ele não é vantajoso nem para o povo nem para si mesmo e quando Maquiavel pretende retornar à verdade não pode fazê-lo sem destruir todo o edifício que construíra. Assim, no comentário ao capítulo XXIV – no qual Maquiavel sintetiza os conselhos que dera ao príncipe ao longo do livro e os fundamentos que principalmente o príncipe novo deve construir para ser considerado como antigo –, Frederico não discorda da correção dos fundamentos apontados, mas, de sua perspectiva, esse príncipe novo, que é o usurpador, ao fazer o que é prescrito por Maquiavel[17], jamais poderia obtê-los: "Maquiavel profere condenação [a seus próprios princípios] nesse capítulo; [pois] diz claramente que, sem o amor dos povos, sem a afeição

....
17. Em que pese o fato de a tradução, seguida por Frederico em seu comentário, de passagens do início do capítulo ser pouco acurada.

dos poderosos e sem um exército bem disciplinado, é impossível um príncipe manter-se no trono. A verdade parece obrigá-lo a prestar-lhe essa homenagem, mais ou menos como os teólogos afirmam sobre os anjos malditos, que reconhecem um Deus, mas se revoltam" (cap. XXIV, p. 149). Mais grave ainda é a própria indicação da possibilidade de um príncipe novo – que é claramente o destinatário dos preceitos de Maquiavel – poder ser superior ao príncipe hereditário. A menção ao usurpador, que jamais aparece no texto de Maquiavel, que o nomeia conquistador, é utilizada frequentemente por Frederico. Defensor do governo hereditário, este é um ponto sensível para o príncipe herdeiro, que pergunta: "Acaso Maquiavel suporá que, entre dois homens igualmente valorosos e inteligentes, o povo preferirá o usurpador ao príncipe legítimo?" (*idem*, pp. 147-8). Essa posição é compartilhada por Voltaire que, em seu prefácio, já igualara o príncipe novo ao usurpador e o reitera periodicamente em acréscimos ao texto, sem muitas variações.

Todas essas questões acima aparecem no texto de Frederico com a maior nitidez e são mais imediatamente perceptíveis na leitura. Importa então apontar as divergências entre Maquiavel e Frederico II um pouco menos explícitas, que dizem respeito à própria concepção de mundo dos autores e ao lugar do ensinamento dos antigos na reflexão e prática políticas e, em consequência, à mudança na compreensão do modo como o governo se exerce.

O pensamento de Maquiavel tem em sua base a concepção da permanência das coisas do mundo, o que, em última instância, permite que seus ensinamentos sejam aplicáveis. Ao relacionar *virtù* e imitação, termo que desaparece completamente no texto de Frederico[18], toma o conheci-

---

18. Que, aliás, rejeita o vocabulário renascentista como fruto da ignorância: "Fortuna e acaso são palavras vazias de sentido [nascidas do cérebro dos

mento das coisas do mundo como fundamento de sua reflexão política. Seu livro, em suas próprias palavras, provém do "conhecimento das ações dos grandes homens, que aprendi por meio de uma longa experiência das coisas modernas e de uma contínua leitura das antigas" (*O Príncipe*, Dedicatória). Esse conhecimento que vem da história, presente ou passada, pode ser modelo para imitação precisamente porque ele supõe um mundo que se conduz hoje da mesma maneira que no passado, o que significa que dadas as mesmas causas, que são invariáveis, os mesmos efeitos se seguem. Isso faz com que Maquiavel censure seus contemporâneos quando não consideram as histórias como fonte de utilidade, mas apenas de prazer: "infinitas pessoas que as leem sentem prazer em ouvir a grande variedade de acontecimentos que elas contêm, mas não pensam em imitá-las, considerando a imitação não só difícil como também impossível; *como se o céu, o sol, os elementos, os homens tivessem mudado de movimento, ordem e poder, distinguindo-se do que eram antigamente*"[19].

Essa permanência das coisas do mundo é negada por Frederico II, numa longa passagem que Voltaire teria retirado do texto, mas que é essencial para perceber a divergência entre os autores. Segundo Frederico, "desde o tempo em que Maquiavel escreveu seu Príncipe político, o mundo mudou tanto que se tornou quase irreconhecível"[20]. Evidente-

---

poetas, e] que, ao que tudo indica, têm origem na profunda ignorância na qual estagnava o mundo quando foram dados nomes vagos a efeitos cujas causas eram desconhecidas" (cap. XXV, p. 152).

19. *Discursos sobre a primeira década de Tito Lívio*, Proêmio.

20. Segue um trecho inteiramente suprimido por Voltaire: [As artes e as ciências, que começavam então a renascer das cinzas, ressentiam-se ainda da barbárie na qual haviam sido mergulhadas pelo estabelecimento do cristianismo, pelas frequentes invasões dos godos à Itália e por uma sequência de guerras cruéis e sangrentas. Atualmente, quase todas as nações trocaram seus antigos costumes por novos, príncipes fracos tornaram-se poderosos, as artes

mente Maquiavel também faz notar a mudança do mundo, sabe que Itália de seu tempo não é a mesma do tempo dos antigos romanos, concebe a decadência e a alteração da *virtù* e da fortuna no mundo[21]; entretanto, ele não nega, por um lado, a possibilidade do retorno das coisas tais como eram, por outro lado e sobretudo, a sabedoria do que foi pensado e feito no passado. Frederico, ao contrário, afirma que as mudanças suplantam a capacidade de compreensão dos antigos: "se um filósofo daqueles tempos recuados voltasse ao mundo, achar-se-ia idiota e ignorante: nem mesmo entenderia o linguajar da nova filosofia; encontraria novidades no céu e na terra; em vez daquela inação, em vez daquela quietude que supunha existirem em nosso globo, veria o mundo e todos os astros submetidos às leis do movimento propulsor e da atração, que, nas diferentes elipses, giram em torno do sol, que por sua vez tem um movimento espiral em torno de seu eixo; em lugar das grandiosas e bizarras palavras, que com orgulhosa ênfase envolviam de obscuridade a falta de sentido de seus pensamentos, ocultando sua soberba ignorância, aprenderia a conhecer a verdade e a evidência com simplicidade e clareza; e em troca de seu mísero romance de física lhe seriam dadas experiências admiráveis, corretas e espantosas" (cap. X, pp. 52-3). Esse longo trecho parece negar a validade do conhecimento antigo, logo a utilidade de conhecer a história, não mais pelo temor de não conseguir repeti-la, mas pela própria validade de fazê-lo. Desse modo, não apenas os preceitos políticos de Maquiavel são inúteis, por todas as razões que já foram apresentadas, mas a impropriedade se estende aos conheci-

....
se aperfeiçoaram, e a face da Europa está inteiramente diferente daquela que existia no século de Maquiavel.] (cap. X, p. 52).

21. Como pode ser visto em diversos pontos dos *Discursos sobre a Primeira década de Tito Lívio*, em particular no início do Livro II.

mentos filosóficos de modo geral[22]. Isso, entretanto, parece afetar mais a interpretação e as lições dos homens de outras épocas do que propriamente a validade do conhecimento dos acontecimentos passados.

Essa separação entre a sabedoria dos antigos e os acontecimentos narrados mostra outra diferença de concepção entre Maquiavel e Frederico, ou, mais propriamente, entre o significado de história em suas épocas. Quando Maquiavel se refere à utilidade das histórias, ele pretende indicar a realidade material de um texto, ou seja, uma narrativa histórica de autoria de alguém, na qual, portanto, os acontecimentos, a interpretação e a sabedoria do autor e do tempo se entrelaçam; para Frederico, a história, ainda que recolhida de uma narrativa, refere principalmente os acontecimentos nus. Desse modo, ele pode, por um lado, considerar necessário o conhecimento da história, seja pelos valores morais que transmite, seja pelas lições de prudência[23]. Por outro lado, ele pode negar a sabedoria ou a utilidade da sabedoria antiga em sua relação à situação presente e con-

....

22. "Todas essas coisas produziram uma mudança tão geral e universal, que tornam inaplicável [e inútil] à nossa política moderna a maioria das máximas de Maquiavel" (cap. X, p. 54).

23. "[O estudo do passado é tão necessário aos príncipes porque lhes fornece os exemplos de homens ilustres e virtuosos; portanto, é a escola da sabedoria; o estudo do futuro lhes é útil, pois os faz prever os males que devem ser temidos e os golpes do destino de que se devem esquivar; é, portanto, a escola da prudência; duas virtudes tão necessárias aos príncipes quanto o são para os pilotos a bússola e o compasso, que conduzem os navegantes.] [O conhecimento da história também é útil por servir para multiplicar o número de ideias que temos a respeito de nós mesmos; ele enriquece o espírito e fornece como que um quadro de todas as vicissitudes da fortuna, bem como exemplos salutares de recursos e expedientes.] [A penetração no futuro é boa, pois de alguma maneira nos permite decifrar os mistérios do destino; e, considerando tudo o que poderia nos acontecer, preparamo-nos para tudo o que poderíamos fazer de mais sensato quando tais acontecimentos chegassem.]" (cap. XX, pp. 120-1).

siderar que o apego demasiado à antiguidade afasta os homens do tempo atual e de qualquer utilidade que possam ter para ele[24].

O que temos aqui, e que estava ausente em Maquiavel, é a ideia de progresso. O progresso é uma linha sem volta, que prescinde da ideia de imitação para construir as formas políticas porque pensa o futuro não apenas como diferente, mas como melhor, mais avançado. O exemplo a ser seguido na ação política, portanto, é estritamente o exemplo moral, este sim atemporal. Segundo Frederico, Maquiavel, ao ser imoral, é por isso mesmo pernicioso e inútil, pois não pode trazer aos seus contemporâneos, e muito menos à era das Luzes, nem ao menos a moralidade, que parece ser a única coisa valiosa que se pode retirar dos tempos antigos. Ele pensa um príncipe que não tem mais lugar nos tempos atuais e, por fim, menos que imoral, menos que ilógico, ele

....

24. "São vistos com indulgência esses braçais da república das letras que se enterram na douta poeira da antiguidade pelo progresso das ciências, que do fundo daquelas trevas espalham, por assim dizer, sua luz sobre o gênero humano, que vivem com os mortos e os autores da antiguidade que eles conhecem muito, para a utilidade dos vivos e das pessoas do seu século, que eles conhecem pouquíssimo" (cap. XIV, p. 76). Não poderia ser mais gritante o contraste com a perspectiva de Maquiavel, expressa nesta carta em que ele anuncia *O Príncipe* a seu amigo Francesco Vettori, em 10 de dezembro de 1513: "Chegada a noite, retorno para casa e entro no meu escritório; no umbral, dispo das vestes quotidianas, cheias de barro e lodo, visto roupas dignas de rei e da corte e, vestido assim condignamente, penetro nas antigas cortes dos antigos onde, sendo por eles recebido amavelmente, nutro-me daquele alimento que é unicamente meu, para o qual eu nasci; não me envergonho ao falar com eles e perguntar-lhes das razões de suas ações. Eles, por sua humanidade, respondem, e eu não sinto durante quatro horas nenhum tédio, esqueço todas as aflições, não temo a pobreza, não me amedronta a morte: eu me deposito inteiramente neles. E, porque Dante disse que não se faz ciência sem que seja retido o que foi apreendido, eu anotei aquilo de que, por sua conversação, fiz capital, e compus um opúsculo *De Principatibus*, onde me aprofundo o quanto posso nas cogitações deste assunto, discutindo o que é principado, de que espécies são, como são adquiridos, como se mantêm, por que são perdidos."

é inteiramente dispensável porque, junto com esse príncipe, mas sem nenhum senso de humor que o redimiria, Maquiavel torna-se objeto de escárnio:

"O entusiasmo de Maquiavel expõe seu príncipe a esse ridículo: ele exagera tanto, que quer que seu príncipe seja apenas soldado; faz dele um Dom Quixote completo, que tem a imaginação cheia apenas de campos de batalha, trincheiras, modos de atacar praças-fortes, de montar linhas de batalha, ataques, postos e fortificações. Surpreende-me que o autor não tenha tido a ideia de alimentá-lo de fatias de pão em forma de cortina de muralha, massas em forma de bombas e tortas em forma de fortificações em meia-lua, e que não o tenha posto a atacar moinhos de vento, ovelhas e avestruzes, como o adorável extravagante de Miguel de Cervantes" (cap. XIV, p. 77).

Fica assim, portanto, completo o quadro do discurso de condenação com o uso dessa imagem que ainda hoje se opõe ao progresso e remete ao ultrapassado. Mas Dom Quixote apenas pode ser risível porque sua fúria e violência esbarram na fraqueza da triste figura; também Maquiavel, ao sofrer o processo que lhe é movido por Frederico, passa de monstro que quer destruir a humanidade e contra quem é preciso defendê-la a trapaceiro incapaz de dar conselhos úteis a um príncipe, o que faz com que toda sua maldade seja infrutífera. Esse procedimento é o contrário daquele dos historiadores antigos, que ressaltam o valor dos inimigos para elevar assim a importância do combate e da vitória. Cabe-nos então perguntar se Frederico, ao transformar o monstro que ele combate pela pena em moinho de vento, não se torna ele mesmo um outro Dom Quixote. Por outro lado, se pode ser questionada a efetividade da formação militar e o desejo de conquista do príncipe de Maquiavel[25],

....

25. Cf. *Anti-Maquiavel*, cap. III.

não se pode contestar o lugar histórico de Frederico como modelo germânico do soberano guerreiro e conquistador.

MARIA DAS GRAÇAS DE SOUZA
Professora titular do Curso de Filosofia
da Universidade de São Paulo

PATRÍCIA FONTOURA ARANOVICH
Professora adjunta do Curso de Filosofia
da Universidade Federal de São Paulo

Prefácio de Voltaire

Acredito estar prestando um serviço à humanidade ao publicar o *Ensaio de crítica sobre Maquiavel*. O ilustre autor desta refutação é uma daquelas grandes almas que o céu forma raramente para levar o gênero humano de volta à virtude com seus preceitos e exemplos. Registrou por escrito estes pensamentos há alguns anos, com o único propósito de escrever verdades que seu coração lhe ditava. Era ainda muito jovem, queria apenas formar-se na sabedoria, na virtude; contava dar lições apenas a si mesmo, mas aquelas lições que se deu merecem ser as lições de todos os reis e podem ser a fonte da felicidade dos homens. Fez-me a honra de enviar-me o manuscrito, achei que era meu dever pedir-lhe permissão para publicá-lo. O veneno de Maquiavel é público demais, era preciso que o antídoto também o fosse. As cópias manuscritas estavam sendo disputadas, corriam já algumas com muitos erros, e a obra pareceria desfigurada se eu não tivesse tomado a precaução de fornecer esta cópia correta, à qual espero se atenham os livreiros aos quais a apresentei. Por certo os leitores ficarão surpresos quando eu lhes disser que quem escreveu em francês com estilo tão nobre, enérgico e muitas vezes tão puro é um jovem estrangeiro que nunca viera antes à França. Será até possível verificar que ele se expressa muito melhor que

Frederico II

Amelot de la Houssaye, que vai impresso ao lado da refutação. É uma coisa inaudita, confesso; mas foi assim que aquele cuja obra publico se deu em todas as coisas às quais se dedicou. Não importa se ele é inglês, espanhol ou italiano, aqui não se trata de sua pátria, mas de seu livro. Eu o reputo melhor e mais bem escrito que o de Maquiavel, e é uma felicidade para o gênero humano que, afinal, a virtude tenha sido mais ornada que o vício.

De posse desse precioso material, deixei propositadamente algumas expressões não francesas, mas que merecem ser, e ouso dizer que este livro pode ao mesmo tempo aperfeiçoar nossa língua e nossos costumes. Aliás, advirto que nem todos os capítulos são refutações de Maquiavel, porque este italiano não apregoa o crime em todo o seu livro. Há trechos desta obra que ora apresento em que realmente temos reflexões sobre Maquiavel, e não contra Maquiavel; por esse motivo dei ao Livro o título de *Ensaio de crítica sobre Maquiavel*.

Como o ilustre autor respondeu plenamente a Maquiavel, minha participação aqui consistirá em responder em poucas palavras ao *Prefácio* de Amelot de la Houssaye.

Esse tradutor quis apresentar-se como político, mas posso assegurar que aquele que aqui refuta Maquiavel é realmente aquilo que Amelot quer parecer.

O que talvez se possa dizer de mais favorável sobre Amelot é que ele traduziu *O Príncipe* de Maquiavel e defendeu suas máximas, mais com a intenção de vender seu livro que de persuadir. Fala muito de *razão de Estado* em sua Epístola Dedicatória, mas um homem que foi secretário de embaixada e não descobriu o segredo de sair da miséria entende mal, a meu ver, a razão de Estado.

Quer justificar seu autor invocando o testemunho de Justo Lípsio, que, segundo diz, era dotado de piedade e religião tanto quanto de saber e política. Sobre isso observarei:

1? Que Justo Lípsio e todos os doutos deporiam em vão a favor de uma doutrina funesta para o gênero humano;

2? Que a piedade e a religião, aqui ostentadas de modo inoportuno, ensinam exatamente o contrário;

3? Que Justo Lípsio, que nasceu católico, tornou-se luterano, depois calvinista e por fim voltou a ser católico, nunca é visto como homem religioso, apesar de seus péssimos versos para a santa Virgem;

4? Que seu volumoso livro de política é sua obra mais desprezada, inteiramente dedicado que é aos imperadores, reis e príncipes;

5? Que ele disse precisamente o contrário do que Amelot o faz dizer. Diz Justo Lípsio na página 9 da edição de Plantin: "Quisera Deus que Maquiavel tivesse conduzido seu Príncipe ao templo da virtude e da honra! Mas, ao buscar só o que é útil, ele se afastou demais do caminho real da honestidade, *Utinam Principem suum recta duxisset ad Templum virtutis et honoris* etc." Amelot suprimiu propositadamente essas palavras, pois no seu tempo ainda era moda citar a esmo; mas alterar um trecho tão essencial não é ser pedante, não é enganar-se, é caluniar. O grande homem de que sou editor não cita; mas, ou muito me engano, ou ele será citado para sempre por todos os que amarem a razão e a justiça.

Amelot esforça-se por provar que Maquiavel não é ímpio, e aqui se tratará realmente de piedade! Um homem dá ao mundo lições de assassinato e envenenamento, e seu tradutor ousa falar de sua devoção!

Os leitores não se deixam enganar assim. Não adianta Amelot dizer que seu autor fez muitos louvores a franciscanos e jacobinos; o que está em questão aqui não são monges, mas soberanos, aos quais o autor quer ensinar a arte da maldade, coisa que já se sabia demais sem ele.

Aliás, alguém acreditaria justificar Mirivits, Cartouche, Jacques Clément ou Ravaillac* dizendo que tinham excelentes sentimentos sobre religião? E será que sempre se usará esse véu sagrado para cobrir o que o crime tem de mais monstruoso? César Borgia – diz também o tradutor – *é um bom modelo para os príncipes novos*, ou seja, para os usurpadores. Os Medici eram príncipes novos, e ninguém podia acusá-los de usurpação. Em segundo lugar, o exemplo desse filho bastardo de Alexandre VI, sempre detestado e muitas vezes infeliz, é um péssimo modelo para qualquer príncipe. Por fim, La Houssaye alega que Maquiavel odiava a tirania; decerto todo homem a detesta, mas é covarde e hediondo detestá-la e ensiná-la.

Mais não direi, cumpre ouvir o virtuoso autor, cujos sentimentos e expressões eu só enfraqueceria.

Haia, 12 de outubro de 1740.

F. DE VOLTAIRE.

N.-B. – Eu, abaixo assinado, entreguei o manuscrito original ao Sr. Cyrille le Petit, ecônomo da Igreja Francesa em Haia, manuscrito original que é totalmente fiel ao livro intitulado *Essai de critique sur Maquiavel*; qualquer outra edição é viciosa, e os livreiros devem seguir em tudo a presente cópia.

---

* Miriwits: assassino do príncipe de Kandahar no início do século XVIII; Cartouche (1693-1721): célebre bandido francês; foi executado na roda; Jacques Clément: monge fanático que assassinou Henrique III da França; Ravaillac: assassino de Henrique IV da França. (N. da T.)

Refutação ao Príncipe de Maquiavel[A]

PREFÁCIO

O Príncipe de Maquiavel está para a moral como a obra de Espinosa está para a fé: Espinosa minou os fundamentos da fé e tendia igualmente a derrubar toda a religião[a]; Maquiavel corrompeu a política e tentava[b] destruir os preceitos da boa moral. Os erros de um não passavam de erros de especulação; os do outro diziam respeito à prática. No entanto, verificou-se que os teólogos tocaram a rebate e gritaram o alarme[c] contra Espinosa, refutaram cabalmente sua obra e foi constatada[1] a Divindade contra os ataques desse

....

A. ANTI-MAQUIAVEL OU ENSAIO DE CRÍTICA SOBRE O PRÍNCIPE DE MAQUIAVEL. *Correção de Voltaire.* – Os trechos corrigidos por Voltaire estão indicados por letras; as correções são colocadas no rodapé.

Os trechos suprimidos por Voltaire estão entre colchetes.

Os trechos acrescentados por Voltaire são reproduzidos nas notas de rodapé numeradas; o mesmo foi feito com os inúmeros remanejamentos que sobrecarregavam os rodapés. Nesse caso, as frases remanejadas estão impressas em itálico.

a. o edifício da religião.

b. tentou.

c. chamaram às armas.

1. Todas as edições imprimem essa palavra, curiosamente empregada em lugar de *sustentar, consolidar.* Esse termo *constatar* [fr. *Constater*], aliás, era um neologismo, pois só aparece nos dicionários em 1740.

Frederico II

ímpio, ao passo que Maquiavel só foi fustigado por alguns moralistas e, apesar deles e de sua perniciosa moral, sustentou-se na cátedra da política até nossos dias.

Ouso assumir a defesa da humanidade contra um monstro que quer destruí-la[2]; e aventurei-me em minhas reflexões sobre essa obra seguindo cada capítulo[d], para que o antídoto se encontrasse inicialmente[e] junto ao veneno.

Sempre vi o _Príncipe_ de Maquiavel como uma das obras mais perigosas que se espalharam pelo mundo: é um livro que deve cair naturalmente nas mãos dos príncipes e dos que sentem gosto pela política; [e como] é muito fácil[f] um jovem ambicioso, que não tenha o coração e a mente suficientemente formados[g] para distinguir o bom do ruim, ser corrompido por máximas que alimentem suas paixões [impetuosas, qualquer livro que possa contribuir para isso deve ser considerado absolutamente pernicioso e contrário ao bem dos homens.]

Se é ruim seduzir a inocência de um particular, que só ligeiramente influi sobre as coisas do mundo, muito pior é perverter príncipes que devem governar povos, administrar a justiça, dar exemplo desta aos súditos, ser, pela bondade, pela magnanimidade e pela misericórdia, a imagem viva da Divindade, [e que devem ser menos reis pela grandeza e pelo poder do que pelas qualidades pessoais e pelas virtudes].

....
2. Lembrança evidente das _Observações_ de Voltaire sobre Pascal: "Ouso tomar o partido da humanidade contra esse misantropo sublime." Homenagem do discípulo ao mestre e, ao mesmo tempo, recurso ao termo _humanidade_, que expressa tão bem o ideal filosófico. Todo o livro de Frederico será posto sob esse signo.

Aqui, Voltaire acrescenta um membro à frase: "Ouso opor a razão e a justiça ao sofisma e ao crime."

d. capítulo a capítulo.

e. imediatamente.

f. _omitida nesta tradução._

g. _omitida nesta tradução._

XXX

As inundações [dos rios] que devastam regiões, o fogo do raio que reduz cidades a cinzas, o veneno [mortal e contagioso] da peste que assola províncias não são tão funestos para o mundo quanto a má moral e as paixões desenfreadas dos reis[3]; *pois eles, assim como quando têm vontade de fazer o bem, têm poder para tanto, também quando querem o mal só depende deles executá-lo.* E que situação deplorável a dos povos, quando devem temer tudo do abuso do poder soberano, quando seus bens estão expostos à cobiça de seu príncipe; a liberdade, aos seus caprichos; o repouso, à sua ambição; a segurança, à sua perfídia; a vida, às suas crueldades! Esse é o retrato de um império[h] no qual reinasse um monstro político[i] como o que Maquiavel pretende formar.

[Mas, mesmo que a peçonha do autor não se infiltrasse até no trono, afirmo que um único discípulo de Maquiavel e de César Borgia bastaria para levar a repudiar um livro tão abominável.] Houve quem opinasse que Maquiavel escrevia mais o que os príncipes fazem do que o que devem fazer. Esse pensamento agradou *porque tem alguma aparência de verdade*[4]; [as pessoas se contentaram com uma falsidade brilhante, e ela foi repetida, pois fora dita uma vez].

[Que me seja permitido defender a causa dos príncipes contra aqueles que querem caluniá-los, e que eu salve da acusação mais medonha aqueles cujo único emprego deve ser o de trabalhar para a felicidade dos homens.]

....

3. Acréscimo de V.: "os flagelos celestes duram algum tempo, só devastam algumas regiões, e essas perdas, embora dolorosas, são reparáveis; mas os crimes dos reis fazem povos inteiros sofrer por muito tempo".

A frase seguinte é assim remanejada: "Assim como os reis têm o poder de fazer o bem quando têm vontade, também depende deles fazer o mal quando decidem."

h. o trágico retrato de um Estado.

i. um príncipe.

4. Correção: "Esse pensamento agradou a muita gente porque é satírico."

Os que proferiram essa sentença contra *os príncipes provavelmente foram seduzidos pelos exemplos de alguns maus príncipes citados por Maquiavel, pela história dos pequenos príncipes da Itália, seus contemporâneos, e pela vida de alguns tiranos que praticaram aqueles perigosos preceitos políticos*[5]. [Respondo a isso que em todos os países há gente decente e indecente, assim como em todas as famílias se encontram pessoas perfeitas, corcundas, cegas ou coxas; que, assim, sempre houve e haverá monstros entre os príncipes, indignos de usar esse nome sagrado.] Eu poderia também acrescentar que, como a sedução do trono é muito forte, é preciso ter mais que virtude comum para resistir, e, assim, não é surpreendente *encontrar tão poucos bons príncipes*[6]. [No entanto, os que julgam com tanta *leviandade* devem lembrar que,] entre os Calígulas e os Tibérios, *contam-se* Titos, Trajanos e Antoninos; assim, [que] há injustiça gritante; [de sua parte], em atribuir a toda uma ordem o que só convém a alguns de seus membros.

Na história só deveriam ser conservados os nomes dos bons príncipes, deixando-se morrer os nomes dos outros, com sua indolência ou suas injustiças[7]. Os livros de história, na verdade, *ficariam* bem *diminuídos*, mas com isso a humanidade ganharia, e a honra de viver *na memória*[8] seria

....

5. Remanejamento: "Os que proferiram essa sentença decisiva contra os soberanos provavelmente foram seduzidos pelos exemplos de alguns maus príncipes contemporâneos de Maquiavel, citados pelo autor, e pela vida de alguns tiranos que foram o opróbrio da humanidade."

6. Correção: "Não é surpreendente que, numa ordem tão numerosa quanto a dos príncipes, os haja mais ruins que bons." Voltaire elimina aqui a crueza da afirmação de Frederico e acentua seu otimismo, substituindo adiante "contam-se Titos..." por: "o universo se recorda com alegria dos nomes consagrados pelas virtudes de Tito...".

7. Acréscimo: "e seus crimes".

8. Correção: "na história, de ver seu nome passar séculos pelos futuros até a eternidade".

Mais acima: "diminuiriam".

recompensa apenas da virtude. O livro de Maquiavel deixaria de infectar as escolas de política, aprender-se-ia a desprezar a [lastimável] contradição em que ele está sempre consigo mesmo e *ver-se-ia* que a verdadeira política dos reis, fundamentada unicamente na justiça e na bondade, é *bem diferente*[9] do sistema incoerente, cheio de horrores [e traições], que Maquiavel teve a impudência de apresentar ao público.

....

9. Correção: "preferível em tudo ao...". Mais acima: "e o mundo se convenceria".

O anti-Maquiavel

CAPÍTULO I

[Quem quiser raciocinar corretamente no mundo precisará começar aprofundando a natureza do assunto de que quer falar, remontar até a origem das coisas para conhecer, na medida do possível, seus primeiros princípios; é fácil então deduzir deles os progressos e todas as consequências que podem seguir-se.] Em vez[a] de marcar a diferença entre os Estados [que têm soberanos] teria sido melhor, parece-me, que Maquiavel examinasse a origem dos príncipes, [de onde vem o poder que têm], e discutisse as razões que puderam levar homens livres a impor-se senhores[1].

Talvez não conviesse, num livro que se propunha dogmatizar o crime e a tirania, fazer menção ao[b] que deveria destruí-la [para sempre]; não seria cabível Maquiavel dizer

....

a. antes.

1. Esse modo de deslocar a questão é bem característico do século XVIII. Maquiavel raciocina unicamente com base em exemplos; Frederico, como mais tarde Rousseau, em seu *Discurso sobre a desigualdade*, raciocina com base no que "pôde" levar os homens a impor-se senhores: é filosofia por verossimilhança, sobretudo por verossimilhança moral. Frederico daí extrai um esboço de contrato social que *legitima* os príncipes; todo o seu raciocínio, portanto, se baseia na legitimidade do poder (questão de direito), e não na conquista do poder (questão de fato).

b. pôr às claras.

Frederico II

que, com o fim de obterem repouso e conservação, os povos, achando necessário ter juízes para dirimir seus litígios, protetores para defendê-los dos inimigos na posse de seus bens, soberanos para reunir todos os seus diferentes interesses em um único interesse comum, tivessem escolhido, entre seus membros, aqueles que lhes parecessem mais prudentes, mais equitativos, mais desinteressados, mais humanos, mais valentes, para governá-los [e para assumirem o fardo penoso de todas as suas atividades].

É portanto a justiça, [ter-se-ia dito], que deve constituir o principal objetivo de um soberano; é portanto o bem dos povos por ele governados que deve ser por ele preferido a qualquer outro interesse; [é portanto a satisfação e a felicidade deles que ele deve aumentar, ou propiciá-las, se eles não a tiverem. O que dizer então das ideias de interesse, grandeza, ambição, despotismo? Ocorre que] o soberano, em vez de ser senhor absoluto dos povos que estão sob sua dominação, *na realidade não passa de seu primeiro serviçal*[2] [e deve ser instrumento de sua felicidade, tal como esses povos o são de sua glória. Maquiavel percebia que um detalhe semelhante o cobriria de vergonha, e que essa procura só teria aumentado o número de contradições lastimáveis que se encontram em sua política.]

....

2. Correção de Voltaire: "não passa de seu primeiro magistrado". A palavra *serviçal* pareceu-lhe forte demais. Mais tarde, Frederico levou em conta a correção, em suas *Memórias de Brandemburgo*, em que escreve: "Os preconceitos do vulgo parecem favorecer a magnificência dos príncipes: mas uma coisa é a liberalidade de um particular e outra é a de um soberano. Um príncipe é o primeiro servidor e o primeiro magistrado do Estado; deve contas do uso que faz dos impostos."

Percebe-se que Frederico fazia questão da ideia do príncipe como servidor do Estado. Aliás, não lhe falta sinceridade, e nela se encontra a herança do rei Sargento. Em Maquiavel, a ideia de Estado realmente aparece, sobretudo no fim, mas em parte encoberta pela ideia de *condottiere* e de triunfo pessoal. O mérito de Frederico, através da fraseologia deste primeiro capítulo, é deixar claro o *dever* régio; e o de Voltaire é o de ter depreendido vigorosamente essa noção, riscando o fim verborrágico do parágrafo e isolando a palavra essencial.

[As máximas de Maquiavel são tão contrárias à boa moral quanto o sistema de Descartes é contrário ao de Newton. O interesse faz tudo em Maquiavel, assim como os turbilhões fazem tudo em Descartes. A moral do político é tão depravada quanto são frívolas as ideias do filósofo. Nada pode igualar-se à desfaçatez com que esse político abominável ensina os crimes mais hediondos. Segundo seu modo de pensar, as ações mais injustas e atrozes tornam-se legítimas quando têm o interesse ou a ambição por objetivo. Os súditos são escravos, e a vida e a morte deles dependem irrestritamente da vontade do príncipe, mais ou menos como as ovelhas de um aprisco, cujo leite e cuja lã são úteis ao dono, que até as mata quando acha conveniente.]

[Como me propus refutar pormenorizadamente esses princípios errôneos e perniciosos, reservo-me o direito de falar deles no lugar e na medida que a matéria de cada capítulo der ocasião.]

[No entanto, devo dizer, em geral, que o que foi por mim dito sobre] a origem dos soberanos torna a ação dos usurpadores mais atroz do que seria se fosse simplesmente considerada a sua violência, [pois eles contravêm inteiramente à intenção dos povos, que adotaram soberanos que os protegessem e só se submeteram com essa condição; em vez disso, obedecendo ao usurpador, eles se sacrificam e a todos os seus bens, para saciarem a avidez e todos os caprichos de um tirano frequentemente muito cruel e sempre detestado[3]]. Portanto, só há três maneiras legítimas de tor-

---

3. Voltaire substitui essas linhas pelo seguinte: "Achincalham essa primeira lei dos homens, que os reúne sob um governo para serem por ele protegidos, e é contra os usurpadores que essa lei é estabelecida."

Percebe-se que tanto Voltaire quanto Frederico são partidários da teoria do rei legítimo, e que neles a noção de usurpador se opõe à de príncipe novo em Maquiavel.

Todos pertencem à sua época. A Itália de Maquiavel só podia unificar-se sob o impulso de um usurpador audacioso; a Alemanha de Frederico podia

nar-se senhor de um país: por sucessão, por eleição dos povos que tenham poder para tanto, ou quando, por guerra justa, são conquistadas algumas províncias ao inimigo.

[Peço ao leitor que não esqueça essas observações sobre o primeiro capítulo de Maquiavel, pois serão uma espécie de] eixo[c] em torno do qual girarão todas as minhas reflexões seguintes.

CAPÍTULO II[4]

Os homens têm certo respeito por tudo o que é antigo, chegando-se às raias da superstição; e quando o direito de herança se soma a esse poder que a antiguidade tem sobre os homens, não há jugo mais pesado e que se carregue com mais facilidade. Assim, não me passa pela mente contestar Maquiavel naquilo que todos admitirão, ou seja, que os reinos hereditários são os mais fáceis de governar[5].

Acrescentarei apenas que os príncipes hereditários são fortalecidos em sua posse pela estreita ligação que há entre eles e as famílias mais poderosas do Estado, a maioria das quais deve seus bens ou sua grandeza à casa soberana, sendo sua fortuna tão inseparável da fortuna do príncipe, que não podem deixá-la ruir sem ver sua própria ruína como consequência certa e necessária.

....

fazê-lo com a ajuda do rei hereditário da Prússia. Quanto a Voltaire, sabe-se que sempre defendeu a monarquia francesa e galicana, como representante do poder civil capaz de se opor à tirania clerical.

c. esse é o.

4. O capítulo II não está presente nos manuscritos de Frederico encontrados por Preuss. Apresentamos em seu lugar o texto da Haia (Van Duren), que é intermediário entre o manuscrito e a versão voltairiana. Depois dessa amostra, é de notar que nele as correções de Voltaire são muito mais raras: o texto de Van Duren já fora burilado.

5. Esse é um dos raros capítulos em que Maquiavel é aprovado: porque elogia as monarquias hereditárias.

O anti-Maquiavel

Em nossos dias, as tropas numerosas e os exércitos poderosos que os príncipes mantêm na paz e na guerra contribuem também para a segurança dos Estados: refreiam a ambição dos príncipes vizinhos; são as espadas nuas que mantêm as alheias embainhadas.

Mas não basta que o príncipe seja, como diz Maquiavel, *di ordinaria industria*[6]; eu gostaria ainda que ele pensasse em tornar seu povo feliz. Um povo contente não pensará em revoltar-se; é maior num povo feliz o temor de perder seu príncipe, que também é seu benfeitor, do que nesse soberano a apreensão pela diminuição de seu poder. Os holandeses nunca se teriam revoltado contra os espanhóis, se a tirania dos espanhóis não tivesse se excedido tão enormemente, que os holandeses já não podiam ser mais infelizes [do que eram].

O reino de Nápoles e o da Sicília passaram mais de uma vez das mãos dos espanhóis às mãos do Imperador, e do Imperador aos espanhóis; sua conquista sempre foi muito fácil, pois ambas as dominações eram[a] muito rigorosas, e aqueles povos sempre tinham a esperança de encontrar libertadores em seus novos senhores.

Que diferença entre aqueles napolitanos e os lorenos! Quando foram obrigados a mudar de dominação, toda a Lorena chorou; lamentava-se a perda dos descendentes daqueles duques que, havia tantos séculos, estiveram no poder naquela [próspera] região, entre os quais contam-se alguns tão estimáveis pela bondade, que mereceriam servir de exemplo aos reis. A memória do duque Leopoldo era tão cara aos lorenos, que, quando sua viúva foi obrigada a sair de Lunéville, todo o povo se ajoelhou na frente da carrua-

....
6. Frederico não se satisfaz com essa "habilidade ordinária" no príncipe. Mas Maquiavel também vê nisso o mínimo; seus frequentes apelos à afeição do povo correspondem às exigências de Frederico em todo o final deste capítulo.
a. lhes parecia.

gem, e os cavalos foram detidos várias vezes; só se ouviam lamentos, só se viam lágrimas[7].

CAPÍTULO III

O século XV [era como a infância das artes; Lourenço de Médicis as fez renascer na Itália pela proteção que lhes deu; mas aquelas artes e ciências ainda eram frágeis no tempo de Maquiavel, como se convalescessem de longa doença; a filosofia e o espírito geométrico tinham feito progressos pequenos ou nulos, e não se raciocinava com a mesma coerência com que se raciocina hoje em dia. Os próprios doutos eram seduzidos pelas exterioridades brilhantes e por tudo o que luzia[8].] Então preferiam-se a funesta glória dos conquistadores e as ações grandiosas e impressionantes, que impõem certo respeito pela grandeza, à mansidão, à equidade, à clemência e a todas as virtudes; atualmente, prefere-se a humanidade a todas as qualidades de um conquistador, não se tem[9] a demência de incentivar com louvores paixões [furiosas e] cruéis que causam a subversão do mundo [e levam à morte um número desmedido de homens; tudo é submetido à justiça, e o valor e a capacidade

....

7. Leopoldo, duque de Lorena (1679-1729), casado com Elisabeth de Orleans (morta em 1744). Em 1737 seu filho, Francisco III, precisou ceder a Lorena a Estanislau Leczinski e em troca receber a Toscana, onde justamente sucedia aos Médicis. Casando-se com Maria Teresa, em 1745 tornou-se imperador da Alemanha.

Percebe-se que Frederico, a exemplo de Maquiavel, extrai fatos de sua história contemporânea.

8. Voltaire substitui todo esse início por: "O século XV, em que Maquiavel vivia, ainda estava preso à barbárie."

9. Voltaire acrescenta aqui "quase". É a única ressalva que faz à grandiloquência de Frederico nesse trecho tão diretamente contradito pelos fatos da época e, em breve, sobretudo pela Prússia.

militar dos conquistadores é abominada, sempre que fatal ao gênero humano.]

[Maquiavel, portanto, podia dizer em seu tempo que é natural no homem o desejo de conquista, e que um conquistador não poderia deixar de obter glória: hoje lhe respondemos que é natural no homem o desejo de conservar seus bens e aumentá-los por vias legítimas, mas que a inveja só é natural a almas muito malnascidas, e o desejo de engrandecer-se com despojos alheios não se apresentará com tanta facilidade à mente de um homem honesto nem aos que queiram ser estimados no mundo.]

[A política de Maquiavel só pode ser aplicável a um único homem, para a pilhagem de todo o gênero humano; pois que confusão haveria no mundo se muitos ambiciosos quisessem arvorar-se de conquistadores, se quisessem apoderar-se dos bens uns dos outros, se, invejando tudo o que não tivessem, só pensassem em invadir, destruir e despojar cada um de suas posses! No fim só haveria um senhor no mundo, que teria obtido a sucessão de todos os outros e só a conservaria enquanto o permitisse a ambição de outro que chegasse depois.]

Pergunto o que pode induzir um homem a engrandecer-se, por qual motivo ele pode arquitetar o plano de erguer seu poder sobre a miséria e a destruição dos outros homens e como ele pode acreditar que se tornará ilustre apenas produzindo infelizes. As novas conquistas de um soberano não tornam mais opulentos [nem mais ricos] os Estados que ele já possuía, seus povos não aproveitam, e ele se enganará se imaginar que [por isso] se tornará mais feliz. [Sua ambição não se limitará a essa única conquista, ele será insaciável e, por conseguinte, sempre pouco satisfeito consigo.] Quantos [grandes] príncipes não fazem[a] seus

....
a. fizeram.

generais conquistar províncias que nunca veem! São então conquistas imaginárias [que têm pouca realidade para os príncipes que as determinaram;] é tornar muita gente infeliz para satisfazer a fantasia de um único homem que muitas vezes não mereceria [sequer] ser conhecido [pelo universo].

Mas suponhamos que esse conquistador submeta o mundo inteiro à sua dominação. Submetido esse mundo, ele conseguiria governá-lo? Por maior que seja, um príncipe é um ser muito limitado, [um átomo, um mísero indivíduo que quase não se percebe a rastejar por sobre este globo]. Mal poderá guardar o nome de suas províncias, e sua grandeza só servirá para tornar mais evidente sua verdadeira pequenez.

[Aliás], não é a grandeza do país governado que dá glória ao príncipe, não serão algumas léguas a mais de território que o tornarão ilustre, pois assim os que possuem mais acres [de terra] deveriam ser os mais valorizados.

[O valor de um conquistador, sua capacidade, sua experiência e a arte de conduzir as mentes são qualidades admiradas separadamente nele; mas nunca passará de homem ambicioso e mau, caso as utilize injustamente. Só poderá obter glória quando empregar seus talentos para sustentar a equidade e quando se tornar conquistador por necessidade, e não por temperamento[10]. Há heróis como certos cirurgiões que se tornam muito estimados quando, com operações bárbaras, salvam as pessoas de um perigo presente, mas detestados se, num execrável abuso do ofício, fazem operações sem necessidade e simplesmente para serem admirados por sua habilidade.]

[Os homens nunca devem pensar apenas em seu interesse. Se todos pensassem do mesmo modo, já não haveria a

....
10. Pode haver aí uma sombra de justificação para os projetos de conquista que Frederico já premeditava; mas o parágrafo seguinte incide no moralismo mais declamatório e factício possível. Voltaire riscou deliberadamente os dois trechos.

ideia de sociedade; pois, em vez de renunciarem a vantagens particulares pelo bem comum, todos sacrificariam o bem comum às vantagens pessoais. Por que não contribuir para a harmonia encantadora que constitui a beleza da vida e a felicidade da sociedade, e só ser grande à força de obrigar os outros e cobri-los de bens? Seria bom que cada um se lembrasse de não fazer aos outros o que não gostaria que lhe fizessem; esse seria o meio de não nos apoderarmos das riquezas dos outros e de nos contentarmos com nossa situação.]

O erro de Maquiavel sobre a glória dos conquistadores podia ser geral em seu tempo, mas sua maldade sem dúvida não era geral; não há nada mais hediondo do que certos meios que ele propõe para conservar conquistas; se bem examinados, não haverá nenhum razoável ou justo. Diz aquele monstro[b]: "É preciso extinguir a raça dos príncipes que reinavam antes de vossa conquista." Será possível ler tais preceitos sem tremer de horror [e indignação]? Isso é achincalhar tudo o que há [de santo e] de sagrado no mundo; [é destruir, entre todas as leis, aquela que os homens mais devem respeitar]; é abrir para o interesse o caminho [para todas as violências e] para[c] todos os crimes; [é aprovar o homicídio, a traição, o assassinato e o que há de mais detestável no universo. Como os magistrados podem ter permitido que Maquiavel publicasse sua abominável política? E como se pôde tolerar no mundo esse celerado infame que põe por terra todo o direito de posse e segurança, o que os homens têm de mais sagrado, o que as leis têm de mais augusto, e a humanidade, de mais inviolável?] Por se apoderar violentamente dos Estados de um príncipe, um ambicioso[d] terá o direito de mandar assassiná-lo, envenená--lo! Mas, assim agindo, esse mesmo conquistador introduz

....

b. diz ele.
c. de.
d. Como! Se um ambicioso se apoderar.

no mundo uma prática que só poderá vir a ser causa de sua própria vergonha[e]; outro mais ambicioso e mais hábil o punirá com a lei de talião; invadirá seus estados e o fará perecer com a mesma injustiça[f] com que ele fez seu predecessor perecer. [Que profusão de crimes, que crueldades, que barbáries assolariam a humanidade! Semelhante monarquia seria como um império de lobos, do qual um tigre como Maquiavel mereceria ser legislador. Se só houvesse crime no mundo, ele destruiria o gênero humano; não há segurança para os homens sem a virtude[11].]

"Um príncipe deve estabelecer residência em suas novas conquistas." É a segunda máxima de Maquiavel para fortalecer o conquistador em seus novos Estados. Isso não é cruel e parece até bom em alguns aspectos; mas deve-se considerar que na maioria das vezes os Estados dos grandes príncipes estão situados de tal maneira, que eles não podem abandonar seu centro sem que todo o Estado se ressinta; eles são o primeiro princípio de atividade daquele corpo; assim, não podem abandonar seu centro sem que as extremidades sofram.

....

e. de sua ruína.

f. crueldade.

11. No lugar destas últimas linhas, Voltaire escreveu o seguinte:

"O século de Maquiavel sobeja em exemplos. Acaso não vemos o papa Alexandre VI prestes a ser deposto por causa de seus crimes; seu abominável filho bastardo, César Borgia, despojado de tudo o que invadira, a morrer miseravelmente; Galeazzo Sforza assassinado em plena igreja de Milão; Luigi Sforza, usurpador, morto na França numa jaula de ferro; os príncipes de York e Lancaster destruindo-se mutuamente; os imperadores da Grécia assassinados uns pelos outros até que afinal os turcos se aproveitaram de seus crimes e exterminaram seu frágil poder? Se hoje, entre os cristãos, há menos revoluções, é porque os princípios da boa moral começam a ser mais disseminados: os homens cultivaram-se mais, por isso são menos ferozes; esse talvez seja um débito que tenhamos para com os letrados que poliram a Europa."

Em lugar da declamação de Frederico, Voltaire enumera exemplos, que já fazem pensar na filosofia do *Ensaio sobre os costumes*: loucura da história humana, esperança na civilização.

A terceira máxima do político é: "É preciso enviar colônias para as estabelecer nas novas conquistas, que servirão para garantir sua fidelidade." O autor baseia-se na prática dos romanos [e acredita triunfar quando encontra em alguma parte da história exemplos de injustiças semelhantes às que ensina. Aquela prática dos romanos era tão injusta quanto antiga. Com que direito podiam expulsar de casa, das terras e dos bens aqueles que os possuíam por justo título? A razão de Maquiavel é que isso pode ser feito impunemente porque os desapossados são pobres e incapazes de vingar-se. Que raciocínio! Sois poderoso, os que vos obedecem são fracos; assim, podeis oprimi-los sem temor. Portanto, segundo Maquiavel, só o medo pode afastar os homens do crime. Mas que direito é esse graças ao qual um homem pode arrogar-se um poder tão absoluto sobre seus semelhantes, como o de dispor da vida e dos bens deles e de torná-los miseráveis quando bem lhe parece? O direito de conquista sem dúvida não se estende até isso. As sociedades não serão assim formadas apenas para servir de vítimas ao furor de um infame interesseiro ou ambicioso? E esse mundo não será assim feito apenas para saciar a loucura e a sanha de um tirano desnaturado? Não acredito que um homem razoável jamais defenda semelhante causa; a menos que uma ambição imoderada o torne cego e obscureça nele as luzes do bom-senso e da humanidade[12].]

....

12. Aqui também Voltaire elimina toda essa dissertação (assim como o parágrafo seguinte) e substitui tudo por algumas observações de bom-senso, das quais se depreende a lição com sobriedade:

"O autor baseia-se na prática dos romanos: mas não pensa que, se os romanos, ao estabelecerem colônias, também não tivessem enviado legiões, logo teriam perdido suas conquistas; não pensa que, além daquelas colônias e daquelas legiões, os romanos também sabiam obter aliados. Os romanos, nos felizes tempos da República, eram os mais sábios bandidos que já assolaram a terra. Conservavam com prudência o que tinham adquirido com injustiça; mas por fim ocorreu àquele povo o que ocorre a todo usurpador; foi oprimido, por sua vez."

[É falso que um príncipe possa fazer o mal impunemente; pois, ainda que seus súditos não o punam de início, ainda que os raios do céu não o esmaguem no momento certo, sua reputação nem por isso será menos dilacerada pelo público, seu nome não deixará de ser citado entre os que horrorizam a humanidade, e a abominação de seus súditos será sua punição. Que máximas de política: não fazer o mal pelo meio, exterminar totalmente um povo, ou pelo menos, depois de o maltratar, reduzi-lo à dura sujeição de não mais poder ser temível, abafar até as mínimas centelhas da liberdade, estender o despotismo até os bens, e a violência até a vida dos soberanos! Não, nada pode ser mais hediondo. Essas máximas são indignas de um ser razoável e de um homem probo. Como me proponho refutar esse artigo mais demoradamente no quinto capítulo, a ele remeto o leitor.]

Examinemos agora se essas colônias para cujo estabelecimento Maquiavel faz seu príncipe cometer tantas injustiças, se essas colônias são tão úteis quanto o autor diz. Ao país recém-conquistado ou se enviam colônias fortes ou colônias fracas. Se fortes, quem o fizer despovoará consideravelmente seu Estado [e expulsará um grande número de seus novos súditos de suas conquistas], o que enfraquecerá suas forças, [pois o maior poder de um príncipe consiste no grande número de homens que lhe obedecem]. Se forem enviadas colônias fracas a esse país conquistado, elas garantirão precariamente a segurança[g], [pois esse pequeno número de homens não pode ser comparável ao dos habitantes]. Portanto, quem o fizer tornará infelizes os que expulsar [de suas propriedades], sem tirar nenhum proveito[h].

Portanto, é muito melhor enviar tropas aos países que acabam de ser submetidos, que[i], em virtude da disciplina e

....

g. posse.
h. sem tirar muito proveito.
i. tropas que.

da ordem, não possam esmagar os povos nem viver às expensas das cidades nas quais são postas como guarnição. *Devo dizer, porém, para não trair a verdade, que no tempo de Maquiavel as tropas eram bem diferentes do que são atualmente*[13]; os soberanos não mantinham grandes exércitos; aquelas tropas, na maioria dos casos, não passavam de um amontoado de bandidos que de ordinário só viviam de violências e rapinas; não se conheciam então casernas e mil outros regulamentos *que em tempos de paz põem freio à libertinagem e ao desregramento da soldadesca*[14].

[Em casos difíceis, os meios mais suaves, a meu ver, parecem sempre os melhores.]

"Um príncipe deve atrair para si e proteger os pequenos príncipes vizinhos, semeando a dissensão entre eles, a fim de promover ou rebaixar os que quiser." É a quarta máxima de Maquiavel [e é a política de um homem que acreditaria ter sido o universo criado apenas para ele. A perfídia e a canalhice de Maquiavel estão espalhadas por essa obra como o odor empesteado de um monturo, que infecta o ar dos arredores[15]]. Um homem probo seria o mediador desses pequenos príncipes, poria termo amigável a seus litígios e ganharia a confiança deles com sua probidade e com as marcas de uma imparcialidade íntegra em seus conflitos e de um

....

13. Redação de Voltaire: "Essa política é melhor; mas não podia ser conhecida no tempo de Maquiavel."

14. Acréscimo e correção: "Não se conheciam então tropas continuamente sob a bandeira em tempos de paz, etapas, casernas e mil outros regulamentos que garantem o Estado durante a paz, contra seus vizinhos e mesmo contra os soldados pagos para defendê-lo."

Todo esse parágrafo contém uma refutação judiciosa a Maquiavel, baseada na diferença dos tempos, assim como uma apologia interessada à política prussiana.

15. Trecho substituído por este: "é o que faz Clóvis; foi imitado por alguns príncipes não menos cruéis. Mas que diferença entre esses tiranos e um homem probo que...".

Frederico II

desinteresse perfeito para sua pessoa. Seu poder[j] o tornaria [como que] o pai de seus vizinhos, em vez de seu opressor, e sua grandeza os protegeria, em vez de arruiná-los.

É verdade, aliás, que alguns príncipes que quiseram assim promover outros[k] se arruinaram; nosso século teve dois[l] exemplos disso. [Um é o de Carlos XII, que elevou Estanislau ao trono da Polônia, e o outro é mais recente[16]]. Concluo, portanto, que a usurpação[m] nunca merecerá glória, que os assassinatos serão sempre abominados pelo gênero humano, e que os príncipes que cometerem injustiças e violências para com seus novos súditos perderão adesão [com essa conduta], em vez de ganhá-la. Não é possível justificar o crime, e todos os que quiserem fazer sua apologia raciocinarão de modo tão deplorável quanto Maquiavel. [Merece perder a razão e falar como insano quem resolva fazer uso tão abominável da arte de raciocinar quanto a de voltá-la contra o bem da humanidade[17].] É ferir-se com uma espada que só nos é dada para nos defender.

....

j. sua prudência.

k. que quiseram promover outros príncipes com violência.

l. alguns.

16. Frederico volta a esse segundo exemplo em _História de meu tempo_ (capítulo I):

"O prazer de dar a coroa da Polônia custou ao Imperador três reinos e algumas belas províncias."

Esses três "reinos", perdidos no tratado de Viena (1738), são: o ducado de Lorena e o condado de Bar, cedidos a Estanislau da Polônia; as Duas Sicílias, a Carlos IV de Bourbon; Novara, ao rei da Sardenha.

Assim, a Polônia prejudicou dois príncipes poderosos em menos de trinta anos. E não é sem malícia que Frederico faz alusão ao imperador Carlos VI: o imperador já estava em sua mente como o primeiro rival por derrubar, e tudo o que pudesse diminuí-lo significava ganho para a Prússia.

m. o usurpador.

17. Voltaire resume: "Voltar a arte do raciocínio contra o bem da humanidade é ferir-se..."

Esse capítulo já mostra bem a posição de Frederico. Os argumentos que ele aduz são de duas espécies: uns, desenvolvidos com mais verbosidade, são

O anti-Maquiavel

[Repito o que disse no primeiro capítulo: os príncipes nasceram juízes dos povos, é da justiça que extraem sua grandeza; portanto, nunca devem renegar o fundamento de seu poder e a origem de sua instituição.]

CAPÍTULO IV

Para julgar bem o gênio das nações, basta[a] compará-las entre si. Nesse capítulo Maquiavel faz um paralelo entre turcos e franceses, muito diferentes em usos, costumes e opiniões; ele examina as razões que tornam a conquista daquele primeiro império difícil de realizar, mas fácil de conservar; do mesmo modo, observa o que pode contribuir para subjugar a França sem dificuldade e o que, enchendo-a de conturbações contínuas, ameaça incessantemente o sossego do possuidor.

O autor vê as coisas de um único ponto de vista; detém-se apenas na constituição dos governos; parece acreditar que o poder do império turco e persa estava[b] baseado somente na escravidão geral daquelas nações e na preeminência única de um só homem que é seu comandante; tem

....
morais e "filosóficos"; outros, enfatizados por Voltaire, são fatos e fazem apelo ao interesse do príncipe, evidentemente. Neste último terreno já se encontram e serão encontrados elementos sólidos de refutação.

Quanto à sinceridade de Frederico, pode ser medida no sentido inverso da grandiloquência. Pode também ser estudada à luz de seus atos futuros. É fácil deduzir que tudo o que diz respeito à condenação dos conquistadores e, de modo geral, à moral internacional, constitui exposição escolar e retórica sem relevância.

Ao contrário, tudo o que se refere aos deveres do príncipe para com seus súditos e para com os indivíduos, tudo o que é da alçada da moral social e pessoal, é nitidamente de melhor filão, e as manifestações de indignação contra o crime e a opressão são muito mais pessoais e prometem maior fidelidade.

a. é preciso.
b. está.

Frederico II

a ideia de que um despotismo irrestrito e bem estabelecido é o meio mais seguro de um príncipe reinar sem conturbações e resistir [vigorosamente] a seus inimigos.

No tempo de Maquiavel, os poderosos e nobres da França eram vistos como pequenos soberanos a partilhar de alguma maneira o poder do príncipe, o que dava ensejo a divisões, [o que] fortalecia as facções e [o que] fomentava frequentes revoltas. No entanto, não sei se o Grande Senhor não está mais exposto a ser destronado que um rei da França. A diferença existente entre eles é que o imperador turco em geral é estrangulado pelos janízaros, enquanto os reis da França que pereceram tiveram por costume ser assassinados por monges[c]. Mas nesse capítulo Maquiavel fala mais de revoluções gerais que de casos particulares; na verdade, adivinhou algumas molas de uma máquina muito composta, _mas só falou como político. Vejamos o que poderia ter acrescentado como_ filósofo[18].

A diferença de climas, alimentos e educação das pessoas estabelece uma diferença total entre seus modos de viver e pensar; disso advém que um selvagem da América age de maneira totalmente oposta à de um chinês letrado[d], que o temperamento de um inglês, [Sêneca] profundo, mas neurastênico, é bem diferente da coragem e do orgulho

.... c. foram assassinados por fanáticos.

18. Correção de Voltaire: "muito composta; mas me parece que ele não examinou as principais".

Poderia surpreender o fato de Voltaire ter eliminado a antítese entre _político_ e _filósofo_. Teria visto nisso uma admissão intempestiva do caráter teórico da refutação? Já vimos que a intenção de Voltaire é eliminar raciocínios e acrescentar fatos; e ele faz questão de levar a respeitar-se no autor de _Anti-Maquiavel_ o "político" mais que o teórico.

Também é de notar o tom muito mais brando de Frederico nesse capítulo: ele admite um lado de razão em seu adversário e propõe-se apenas completar suas indicações.

d. disso advém que um monge italiano parece ser de uma espécie diferente da de um chinês letrado.

[estúpido e ridículo] de um espanhol, enquanto se verifica que o francês tem com o holandês tão pouca semelhança quanto a vivacidade de um macaco [tem] com a fleuma de uma tartaruga[19].

Sempre se observou que o gênio dos povos orientais era[e] um espírito de constância em [suas práticas e] seus antigos costumes, [dos quais nunca se afastam]. Sua religião, diferente das dos europeus, obriga-os também de algum modo a não favorecer as investidas daqueles que eles chamam de infiéis em prejuízo de seus senhores, e evitar cautelosamente tudo o que possa atentar contra sua religião e subverter seus governos. [Assim, a sensualidade de sua religião e a ignorância que em parte os liga de maneira tão inviolável a seus costumes assegura o trono de seus senhores contra a ambição dos conquistadores; e seu modo de pensar, mais que seu governo, contribui para a perpetuidade de sua poderosa monarquia[20].]

O gênio da nação francesa, bem diferente [do] dos muçulmanos, é[f] total ou, pelo menos, parcialmente causa das frequentes revoluções daquele império[g]: a leviandade e a inconstância em todos os tempos constituiu o caráter daquela adorável nação; os franceses são inquietos, libertinos e muito inclinados a fartar-se de tudo [o que não lhes pare-

....

19. Essa "teoria dos climas" estava em plena moda fazia cerca de vinte anos, e Montesquieu logo lhe daria a última demão.

Voltaire acrescentou aqui o exemplo do monge italiano, enquanto no parágrafo anterior substituía *monges* por *fanáticos*. Isso porque uma malícia lhe parece aceitável, mas uma acusação de assassinato só poderia ser aceita num livro anônimo; e este tem sua apresentação.

e. é.

20. Correção: "É isso o que entre eles constitui a segurança do trono, mais que a do monarca; pois esse monarca é muitas vezes destronado, mas o império nunca é destruído."

f. foi.

g. daquele reino.

ça novo]; seu amor pela mudança manifestou-se até nas coisas mais graves. Parece que aqueles cardeais odiados e apreciados pelos franceses, que governaram sucessivamente aquele império, tiraram proveito das máximas de Maquiavel para rebaixar os grandes, e do conhecimento do gênio da nação para amainar as frequentes tormentas com que a leviandade dos súditos ameaçava incessantemente o trono dos soberanos[h].

A política do cardeal de Richelieu tinha como único objetivo rebaixar os grandes para elevar o poder do Rei e fazer esse poder servir de base para o despotismo[i]; teve tanto sucesso, que neste momento já não restam vestígios na França do poder dos senhores e dos nobres, bem como daquele poder de que [conforme alegavam os reis] os grandes às vezes abusavam.

O cardeal Mazarino seguiu as pegadas de Richelieu; enfrentou muita oposição, mas teve sucesso; ademais, despojou o parlamento de suas [antigas] prerrogativas, de modo que aquele corpo respeitável, atualmente, só tem sombra da antiga autoridade[j]; é um fantasma ao qual ainda ocorre às vezes imaginar que poderia ser um corpo, mas em geral é obrigado a arrepender-se de seus erros[k].

A mesma política que levou esses dois grandes homens[l] ao estabelecimento de um despotismo absoluto na França ensinou-lhes a habilidade de distrair a leviandade e a inconstância da nação para torná-la menos perigosa; [mil ocupações frívolas], as amenidades e os prazeres burlaram o gênio dos franceses, de modo que aqueles mesmos homens

....

h. os soberanos.
i. para todas as partes do Estado.
j. de modo que aquela companhia hoje não passa de fantasma...
k. desse erro.
l. que levou os ministros.

que *se teriam revoltado sob César*[21], que *teriam chamado* os estrangeiros em seu socorro no tempo dos Valois, que se *teriam coligado* contra[m] Henrique IV, que *teriam conspirado* no período da minoridade do rei, esses [mesmos franceses], digo, atualmente só se preocupam em seguir a vaga da moda, em cuidar de mudar de gostos, em desprezar hoje o que admiraram ontem, em usar de inconstância e leviandade em tudo o que dependa deles, em trocar de amantes, lugares, divertimentos, [sentimentos e loucura]. Não é só isso, pois poderosos exércitos e um enorme número de fortalezas garantem para sempre a posse daquele reino por parte dos soberanos, que atualmente nada devem temer das guerras intestinas nem das conquistas que seus vizinhos pudessem empreender contra eles[n].

[É de crer que o ministério francês, depois de ter ficado tão satisfeito com algumas máximas de Maquiavel, não haverá de parar no meio do caminho e não deixará de pôr em prática todas as lições daquele político. Não há por que duvidar do sucesso, em vista da sabedoria e da habilidade do ministro que está atualmente no comando das coisas. Mas, como dizia o frei Colignac, melhor parar para não dizer asneiras[22].]

....

21. Correção: "aqueles mesmos homens que por tanto tempo combateram o grande César, que sacudiram com tanta frequência o jugo no tempo dos imperadores, que chamaram [...], que se coligaram [...], que conspiraram [...]"

m. no tempo de.

n. nem das investidas de seus vizinhos.

22. As correções de Voltaire nesse capítulo dizem muito sobre seu pensamento em relação a seu próprio governo. Tomadas as precauções indispensáveis (eliminação da palavra *despotismo*, eliminação do último parágrafo em que a monarquia francesa é tachada de maquiavelismo), Voltaire deixa persistir a crítica ao parlamento (mais tarde, ele será um feroz adversário daquele corpo), agravando-a até, a crítica aos "*Welches*" que se tornaram tão frívolos (tema habitual nele) e a ideia geral sobre a solidez da monarquia, ao mesmo tempo que elimina um termo elogioso em relação a Richelieu e Mazarino. É todo um programa.

CAPÍTULO V

O homem é um animal racional, bípede e desplumado: foi isso o que a escola decidiu sobre nosso ser. Essa definição pode ser correta em relação a alguns indivíduos; mas é muito falsa em relação à maioria, pois poucas pessoas são racionais, e, mesmo que o sejam num assunto, há uma infinidade de outros sobre os quais ocorre exatamente o contrário. O homem é um animal, seria possível dizer, que concebe e combina ideias; é o que geralmente se coaduna com todo o gênero, o que pode aproximar o sábio do insensato, o bem pensante do mal pensante, o amigo da humanidade daquele que é seu perseguidor, o respeitável arcebispo de Cambrai do infame político de Florença.]

[Se alguma vez Maquiavel renunciou à razão, se alguma vez pensou de maneira indigna sobre seu ser, foi nesse capítulo: nele, propõe três meios de conservar um Estado livre e republicano que um príncipe tenha conquistado.]

[O primeiro não oferece segurança para o príncipe; o segundo só tem utilidade para um furioso; e o terceiro, menos ruim que os outros dois, não deixa de apresentar obstáculos[23].]

[Por que conquistar essa república, por que pôr todo o gênero humano a ferros, por que escravizar homens livres? Para demonstrar vossa injustiça e vossa malvadez a toda a terra e para fazer um poder que devia constituir a felicidade dos cidadãos atender a vosso interesse; abomináveis máxi-

....

Note-se, por outro lado, que Frederico reconhece a eficácia do maquiavelismo: "não há por que duvidar do sucesso", perfídia em relação a Fleury, mas admiração do conhecedor de política.

23. Percebe-se que no texto com o qual Frederico trabalhou, os três meios não são apresentados na ordem habitual. O primeiro (arruinar o Estado) passou a ser o segundo; o segundo (instalar-se nele) passa a terceiro, e o terceiro (nele estabelecer uma autoridade amistosa), a primeiro.

mas que não deixariam de destruir o universo, caso tivessem muitos seguidores. Todos percebem bem como Maquiavel peca contra a boa moral: vejamos agora como ele peca contra o bom-senso e a prudência.[24]]

["Um Estado livre, recém-conquistado, deve ser transformado em contribuinte, estabelecendo-se nele como autoridade um pequeno número de pessoas que o conservem." É a primeira máxima do político, com a qual um príncipe nunca encontraria segurança alguma; pois não é evidente que uma república, retida simplesmente pelo freio de umas poucas pessoas vinculadas ao novo soberano, lhe permaneceria fiel. Ela deve naturalmente preferir a liberdade à escravidão e subtrair-se ao poder daquele que a transformou em pagadora de tributos; a revolução só demoraria até que se apresentasse a primeira ocasião favorável.]

"Não há[25] meio garantido de conservar um Estado livre que se tenha conquistado, senão destruí-lo." É o meio mais seguro para não haver o temor de revolta. Um inglês teve a demência de matar-se, há alguns anos, em Londres; sobre sua mesa foi encontrado um bilhete no qual ele justificava sua [estranha] ação e afirmava que acabara com a vida para nunca ficar doente. *Não sei se o remédio não era pior que o mal*[26]. Não falo de humanidade com [um monstro como]

....

24. Depois da declamação moral, Frederico passa ao ponto de vista utilitarista, que é o de Maquiavel. Ver adiante: "pode-se derrubar Maquiavel com o próprio Maquiavel". Nesse terreno, a refutação é mais interessante; mas é de notar que também aí Frederico desloca o problema, tratando-o sobretudo do ponto de vista econômico (ver todo o desenvolvimento sobre a riqueza de um país, três parágrafos adiante); para Maquiavel, só uma questão conta: conquistar e conservar.

25. Acréscimo: "segundo Maquiavel". Voltaire riscou os cinco parágrafos anteriores, nos quais viu desenvolvimentos fáceis demais. Aqui começa a parte mais interessante do capítulo.

26. Correção: "Aí está o caso do príncipe que arruína um Estado para não o perder."

Frederico II

Maquiavel, seria profanar o respeitabilíssimo nome de uma virtude[a] [que representa o bem dos homens. Sem todos os socorros da religião e da moral], pode-se derrubar Maquiavel com o próprio Maquiavel, com esse interesse, alma de seu livro, esse deus da política e do crime, [o único deus que ele adora].

Dizeis, Maquiavel, que um príncipe deve destruir um país livre recém-conquistado para assegurar sua posse; mas respondei: com que finalidade ele terá empreendido essa conquista? Direis que é para aumentar seu poder e tornar-se mais temível. É o que eu queria ouvir, para vos provar que, seguindo vossas máximas, ele faz exatamente o contrário; pois arruína-se ao fazer[b] essa conquista e em seguida arruína o único país que podia ressarci-lo de suas perdas. Havereis de admitir que um país [devastado], saqueado [e] privado de habitantes, [gente, cidades, em suma, de tudo o que constitui um Estado,] não poderia tornar um príncipe [temível e] poderoso pelo fato de possuí-lo. Creio que um monarca que possuísse os vastos desertos da Líbia e de Barca não seria muito temível, e que um milhão de panteras, leões e crocodilos não vale um milhão de súditos, cidades ricas, portos navegáveis cheios de navios, cidadãos industriosos, tropas e tudo o que é produzido[c] por um país bem povoado. Todos convirão que a força de um Estado não consiste na extensão de suas fronteiras, mas no número de seus habitantes. Comparai a Holanda com a Rússia; vede[d] algumas ilhas pantanosas e estéreis a se elevarem do seio do Oceano, uma pequena república que não tem mais de quarenta e oito léguas de comprimento por quarenta de largu-

....

a. profanar a virtude.
b. custa-lhe muito.
c. fornecido.
d. só vereis.

ra; mas esse pequeno corpo é cheio de vigor, habitado por um povo imenso, e esse povo industrioso é poderoso e rico; sacudiu o jugo da dominação espanhola, que era então a monarquia mais temível da Europa. O comércio daquela república estende-se até as extremidades do mundo, ela figura imediatamente depois dos reis, pode manter em tempo de guerra um exército de cem mil[e] combatentes, sem contar uma frota numerosa e bem munida.

Voltai, por outro lado, os olhos para a Rússia: é um país imenso que se apresenta a vosso olhar, é um mundo semelhante ao universo quando foi tirado do caos. Aquele país tem fronteiras, de um lado, com a Grande Tartária e as Índias; de outro, com o Mar Negro e a Hungria; [e, do lado da Europa], suas fronteiras se estendem até a Polônia, a Lituânia e a Curlândia; a Suécia tem limites com ele pelo lado norte[f]. A Rússia pode ter trezentas milhas alemãs de largura, por trezentas milhas[g] de comprimento; o país é fértil em trigo e produz todas as mercadorias necessárias à subsistência, principalmente nas cercanias de Moscou e pelos lados da Pequena Tartária: no entanto, com todas essas vantagens, tem no máximo quinze milhões de habitantes. Aquela nação, [outrora bárbara,] que atualmente começa a figurar na Europa, não é muito mais poderosa que a Holanda em tropas de mar e terra e é muito inferior a ela em riquezas e recursos.

A força [portanto] de um Estado não consiste na extensão do país nem na posse de um vasto ermo ou de um imenso deserto, mas na riqueza e no número dos habitantes. O interesse de um príncipe, portanto, é povoar o país, torná-lo próspero, e não devastá-lo e destruí-lo. Se a malvadez de Maquiavel horroriza, seus raciocínios causam pena,

....

e. cinquenta mil.

f. noroeste.

g. por mais de seiscentas milhas.

Frederico II

e teria sido melhor que ele aprendesse a raciocinar bem em vez de ensinar sua política monstruosa[27].

"O príncipe deve estabelecer residência numa república recém-conquistada." É a terceira máxima do autor, mais moderada que as outras; mas no terceiro capítulo mostrei as dificuldades que nisso pode haver.

Parece-me que um príncipe que tivesse conquistado uma república, depois de ter razões justas para fazer-lhe guerra, deveria[h] contentar-se por tê-la punido e em seguida devolver-lhe a liberdade; poucas pessoas pensarão assim. Quanto aos que tivessem outras opiniões, poderiam conservar sua possessão, estabelecendo fortes guarnições nas principais praças-fortes da nova conquista e deixando, por outro lado, que o povo gozasse de toda a liberdade.

Insensatos que somos! Queremos conquistar tudo como se tivéssemos tempo de possuir tudo e como se o prazo de nossa duração não tivesse fim; nosso tempo passa depressa demais, e muitas vezes, acreditando trabalhar para nós mesmos, apenas trabalhamos para sucessores indignos ou ingratos[28].

....

27. Todo esse raciocínio sobre as condições da riqueza e do poder de um Estado é muito judicioso e, embora não responda exatamente ao problema formulado por Maquiavel, é por certo um dos melhores trechos da refutação. Nele Voltaire também devia encontrar ideias que apreciava, em especial sobre a Holanda, cuja constituição ele sempre admirou e invejou.

h. poderia.

28. Essas reflexões precocemente desenganadas não impediram Frederico de conquistar, e já no ano seguinte. Contudo, sua visão já tão pessimista sobre a indignidade dos herdeiros está em conformidade com a convicção da velhice, quando verá os seus mais de perto. Há, portanto, aí muita lucidez sobre seu próprio caso e como que um desdobramento antecipado de sua pessoa: o conquistador que não resistirá à tentação, o filósofo que o julga.

CAPÍTULO VI

Se os homens não tivessem paixões, Maquiavel seria perdoável por querer dotá-los de paixões; seria um novo Prometeu a roubar o fogo celeste para animar autômatos [insensíveis e incapazes de realizar o bem do gênero humano]. As coisas não são bem assim [efetivamente, pois] nenhum homem é isento de paixões. Quando moderadas, elas contribuem para a felicidade[a] da sociedade; mas quando suas rédeas são soltas, elas se tornam nocivas e frequentemente muito perniciosas[b].

De todos os sentimentos que tiranizam nossa alma, nenhum é mais funesto para os que sentem sua impulsão, mais contrário à humanidade e mais fatal para o sossego do mundo do que a ambição desmedida, o desejo excessivo de falsa glória.

Um particular que tenha a infelicidade de ter nascido com disposições semelhantes é mais miserável que louco. É insensível para o presente, [e] só existe nos tempos futuros; [sua imaginação o alimenta incessantemente com ideias vagas para o porvir; e, como sua funesta paixão não tem limites], nada no mundo pode satisfazê-lo, [e] o absinto da ambição sempre mistura amargor à doçura de seus prazeres.

Um príncipe ambicioso é no mínimo tão[c] infeliz quanto um particular, pois sua loucura, apesar de proporcional à sua grandeza, é mais vaga, mais indócil e mais insaciável. Se honrarias e grandeza servem de alimento à paixão dos particulares, províncias e reinos alimentam a ambição dos monarcas; e, como é mais fácil obter cargos e empregos do que conquistar reinos, os particulares podem satisfazer-se mais que os príncipes.

....
a. elas são a alma.
b. causam sua destruição.
c. é mais infeliz.

Frederico II

[Quantos espíritos inquietos e turbulentos como esses vemos no mundo, cuja impetuosidade e vontade de engrandecer-se desejariam subverter a terra, nos quais o amor pela glória falsa e vã deitou profundas raízes! São tochas que deveriam ser apagadas com cuidado, que deveríamos nos abster de sacudir, para não provocar um incêndio. As máximas de Maquiavel são mais perigosas porque confortam suas paixões e fazem brotar neles ideias que talvez não tivessem arrancado das profundezas sem essa ajuda[29].]

Maquiavel propõe os exemplos de Moisés, Ciro, Rômulo, Teseu e Hierão; esse catálogo poderia ser facilmente engrossado com alguns criadores de seitas, como Maomé, _William Penn_[30]; [e que os senhores jesuítas do Paraguai me permitam oferecer-lhes aqui um pequeno espaço que só pode servir-lhes de glória, por incluí-los no rol dos heróis].

A má-fé com que o autor usa esses exemplos merece ser ressaltada; [é bom descobrir todas as finezas e todos os ardis desse infame sedutor].

[Um homem probo não deve apresentar os objetos de um ponto de vista apenas; deve mostrar todas as suas faces, para que nada possa encobrir a verdade aos olhos do leitor, mesmo que essa verdade se mostre contrária a seus princípios.] Maquiavel, [ao contrário], só mostra a ambição em seus melhores aspectos[31]; [é um rosto maquiado que ele só deixa aparecer à noite, à luz de velas, furtando-o cuidado-

....
29. Voltaire decidiu eliminar esse parágrafo depois de deixar toda a declamação anterior, em vez de riscar tudo como no início do capítulo V. Decerto porque o desenvolvimento sobre a ambição lhe pareceu útil, sobretudo na pluma de um príncipe.

30. Correção e acréscimo "de Maomé na Ásia, de Mango Kapac na América, de Odin no Norte, de tantos sectários em todo o universo". Voltaire elimina o exemplo dos jesuítas por conveniência e o de William Penn, o _quaker_, por simpatia.

31. Acréscimo: "se é que ela tem algum". Tipo de observação marginal inserida no texto.

samente aos raios do sol]; só fala dos ambiciosos que foram assistidos pela fortuna, mas guarda profundo silêncio sobre os que foram vítimas das paixões, [mais ou menos como os conventos de virgens, que, ao arregimentarem as jovens, dão-lhe o antegozo de todas as delícias do céu, sem lhes falar do amargor e do desconforto que preparam para elas neste mundo]. Isso se chama vender gato por lebre, [é querer enganar o público], e ninguém negará que Maquiavel nesse capítulo desempenha o [miserável] papel de charlatão do crime.

Por que, ao falar [do comandante, do príncipe], do legislador dos judeus, do libertador dos gregos[d], do conquistador dos medas, do fundador de Roma, cujos sucessos corresponderam a seus desígnios, Maquiavel não acrescenta o exemplo de alguns chefes da[e] facção infeliz, para mostrar que a ambição, se propicia o sucesso de alguns homens, leva à perdição o maior número deles? [Assim se poderia opor ao sucesso de Moisés a desdita daqueles primeiros povos godos que arrasaram o império romano; ao sucesso de Rômulo, o infortúnio de Masaniello, carnífice de Nápoles, que ascendeu à realeza graças à audácia, mas foi vítima de seu crime; à ambição coroada de Hierão, a ambição punida de Wallenstein; junto ao trono ensanguentado de Cromwell, assassino de seu rei, seria posto o trono derrubado do soberbo Guise, assassinado em Blois. Assim, o antídoto, seguindo o veneno de tão perto, preveniria seus perigosos efeitos; seria a lança de Aquiles, que faz o mal e o cura[32].]

....
d. do primeiro monarca de Atenas.

e. *omitido nesta tradução.*

32. Voltaire substitui todos esses exemplos pelos seguintes: "Acaso não houve um João de Leiden, chefe dos anabatistas, atenazado, queimado e dependurado numa gaiola de ferro em Munster? Se Cromwell foi feliz, seu filho não foi destronado? Não terá visto levarem ao patíbulo o corpo exumado de seu pai? Três ou quatro judeus, que se disseram messias desde a destruição de Jerusalém, não terão perecido nos suplícios? E o último acaso não acabou

Frederico II

Parece-me, aliás, que Maquiavel coloca impensadamente Moisés ao lado de Rômulo, Ciro ao lado de Teseu. Ou *Moisés era inspirado, ou não era. Se não era, só pode ser visto como um arquibandido, um ardiloso*, um impostor que usava Deus *como os poetas usam deuses* ex-machina, *que resolvem o desfecho da peça quando o autor está embaraçado*[33]. [Moisés, aliás, era tão pouco hábil, que conduziu o povo judeu durante quarenta anos por um caminho que teriam feito comodamente em seis semanas, tinha tirado pouquíssimo proveito das luzes dos egípcios e, nesse sentido, era muito inferior a Rômulo, a Teseu e àqueles heróis.

....

sendo empregado de cozinha do Grande Senhor, depois de se tornar muçulmano? Embora Pepino, o Breve, tenha destronado seu rei com a aprovação do Papa, Guise, o *Balafré*, que queria destronar o seu com a mesma aprovação, acaso não foi assassinado? Porventura não é possível contar mais de trinta chefes de seita e mais de mil outros ambiciosos que acabaram com morte violenta?"

Os exemplos de Voltaire são mais equilibrados e, sobretudo, insistem nos chefes de seitas religiosas, o que Frederico não fazia.

Pode-se achar fraca a refutação, no sentido de que Maquiavel apresenta justamente como modelos os ambiciosos que se deram bem, buscando a razão de seu sucesso; os outros não lhe interessam. No entanto, a resposta de Frederico-Voltaire não carece de pertinência, se considerarmos que só o acaso fez o sucesso de um e o fracasso de outro. Donde a importância dos exemplos Pepino e Guise, ambos sustentados pelo papa, mas com resultados contrários.

33. Voltaire achou esse trecho forte demais e o reformulou assim: "Moisés era inspirado; se não fosse, então só poderia ser visto como um impostor que usava Deus mais ou menos como os poetas empregam seus deuses para servir de máquinas quando lhes falta um desfecho."

E o fim do parágrafo é substituído pelas seguintes linhas:

"Moisés, visto como um instrumento único da Providência, tal como era, nada tem em comum com os legisladores que só tiveram a sabedoria humana como legado; mas Moisés, visto apenas como homem, não é comparável aos Ciros, Teseus e Hércules. Conduziu seu povo apenas por um deserto, não construiu cidades, não fundou nenhum grande império, não instituiu nenhum comércio, não provocou o nascimento das artes, não tornou próspera sua nação: cabe adorar a Providência nele e examinar a prudência dos outros."

A apresentação de Voltaire de início é mais velada, mas depois tem mais argumentos e é mais pérfida na conclusão.

Se fosse inspirado por Deus, Moisés só poderia ser visto como o órgão cego da onipotência divina; e o comandante dos judeus era bem inferior ao fundador do império romano, ao monarca persa, e aos heróis gregos que, com seu próprio valor e suas próprias forças, executavam ações maiores que o outro com a assistência imediata de Deus.]

Admito, de modo geral e sem prevenção, que é preciso muito gênio, coragem, habilidade [e boa conduta] para igualar-se aos homens de que acabamos de falar[f]; mas não sei se o epíteto de virtuoso lhes convém. O valor e a habilidade se encontram tanto nos salteadores de estradas quanto nos heróis; a diferença que há entre eles é que o conquistador é um ladrão ilustre, [que impressiona pela grandeza de suas ações e se faz respeitar pelo poder que tem], enquanto o ladrão comum é um canalha obscuro[g] [mais desprezado quanto mais abjeto for]; um recebe louros como prêmio de suas violências, o outro *é punido com o suplício extremo*[34]. [Nunca julgamos as coisas pelo seu justo valor, somos ofuscados por uma infinidade de nuvens, admiramos em uns o que censuramos em outros, e, desde que seja ilustre, um facínora pode contar com o sufrágio da maioria dos homens.]

[Mesmo sendo verdade que, sempre que alguém quer introduzir novidades no mundo, surgem mil obstáculos para impedi-las, e um profeta à testa de um exército fará mais prosélitos que se combatesse com argumentos *in barbara* ou *in ferio* (sinal disso é que a religião cristã, enquanto só se sustentou por argumentos, foi fraca e oprimida e só se estendeu pela Europa depois de derramar muito sangue), não é menos verdade que vimos a implantação de opiniões

....

f. igualar-se a Teseus, Ciros, Rômulos e Maomés.

g. enquanto o outro é obscuro.

34. Acréscimo e correção: "Um recebe louros e incenso como prêmio de suas violências, e o outro, a corda."

e novidades com pouca dificuldade. Quantas religiões, quantas seitas foram introduzidas com uma facilidade infinita! Não há nada mais próprio que o fanatismo para dar crédito a novidades, e me parece que Maquiavel falou com um tom decisivo demais sobre essa matéria.[35]]

Resta-me fazer algumas reflexões sobre o exemplo de Hierão de Siracusa, que Maquiavel propõe àqueles que ascenderão ao poder com a ajuda dos amigos e de suas tropas.

Hierão desconfiou dos amigos e dos soldados que o tinham ajudado na execução de seus planos; travou novas amizades e arregimentou novas tropas. Afirmo, a despeito de Maquiavel e dos ingratos, que a política de Hierão era péssima, e que há muito mais prudência em confiar em tropas cujo valor pusemos à prova e em amigos cuja fidelidade foi comprovada do que em desconhecidos a respeito dos quais não temos segurança. [Delego ao leitor a tarefa de levar esse raciocínio adiante; todos os que abominam a ingratidão e se sentem felizes ao conhecerem a amizade não deixarão de ter ideias a respeito.]

No entanto, devo advertir [o leitor] de que preste atenção aos diferentes sentidos que Maquiavel dá às palavras. Ninguém deve enganar-se quando ele diz: "Sem ocasião a

....
35. Voltaire substituiu esse trecho sobre o papel do acaso e o poder do fanatismo por um desenvolvimento totalmente diferente que conclui pelo progresso dos espíritos:

"Todo aquele que queira sujeitar seus iguais é sempre sanguinário e ardiloso. Os chefes dos fanáticos de Cévennes diziam-se inspirados pelo Espírito Santo e mandavam matar imediatamente quem o *Espírito* houvesse condenado. Aqueles facínoras, que em suas montanhas brincavam assim com Deus e com os homens, eram muito valorosos; teriam sido vistos como Deuses no tempo de Fo-hi e de Zoroastro.

Quando os homens eram selvagens, um Rolando, um Cavaleiro, um João de Leiden teriam sido Alcides e Osíris; hoje um Osíris, um Alcides não teriam como distinguir-se no mundo."

virtude se anula"; isso significa naquele facínora[h] que, sem circunstâncias favoráveis, os ardilosos e temerários não poderiam fazer uso de seus talentos; é só a cifra do crime que pode explicar as obscuridades daquele [desprezível] autor[36].

Parece-me, de modo geral, para concluir este capítulo, que as únicas ocasiões nas quais um particular pode, sem incorrer em crime, pensar na sua fortuna[i], é quando nasceu num reino eletivo, ou quando um povo oprimido o escolheu como seu libertador[j]. [O cúmulo da glória seria devolver a liberdade a um povo depois de tê-lo salvo. Mas não retrataremos os homens segundo os heróis de Corneille; aqui nos limitaremos aos de Racine e assim mesmo já é muito[37].

CAPÍTULO VII

[É bem difícil um autor ocultar o fundo de seu caráter; ele fala demais, explica-se sobre tantos assuntos, que sempre lhe escapam alguns traços de imprudência que retratam tacitamente seus costumes.]

Comparai o príncipe [do Sr.] de Fénelon com o de Maquiavel; vereis num [o caráter de um homem de bem], bon-

....

h. nele.

36. Acréscimo de Voltaire: "Os italianos chamam a música, a pintura, a geometria de *virtù*; mas a *virtù* em Maquiavel é a perfídia."

Já vimos que a nuance especificamente italiana da palavra *virtù* é "talento, exercício da inteligência". É apenas a confusão com o francês *vertu* que provoca a indignação de Frederico e de Voltaire.

i. ascender à realeza.

j. ou quando ele liberta sua pátria.

37. Voltaire substitui da seguinte maneira este trecho: "Sobieski na Polônia, Gustavo Vaza na Suécia, os Antoninos em Roma, estes são os heróis dessas duas espécies. Que César Borgia fique como modelo dos maquiavélicos; o meu é Marco Aurélio."

dade, [justiça], equidade, todas as virtudes, [em suma, elevadas a um grau eminente]; parece que se trata[a] daquelas inteligências puras nas quais se diz que a sabedoria está encarregada de vigiar o governo do mundo. Vereis no outro a canalhice, [o ardil], a perfídia, [a traição] e todos os crimes; [é um monstro, em suma, que o próprio inferno teria dificuldade para produzir. Mas, se] me parece que nossa natureza se aproxima da dos anjos ao ler o *Telêmaco* do [Sr. de] Fénelon, parece-me que ela se aproxima dos demônios do inferno quando leio o *Príncipe* de Maquiavel. César Borgia, ou duque de Valentino, é o modelo com base no qual o autor constitui o seu príncipe, que ele tem a impudência de propor como exemplo àqueles que ascendam no mundo com o auxílio dos amigos e das armas. Portanto, é necessário conhecer quem era César Borgia para ter uma ideia do herói e do autor que o celebra.

[Não há crime que César Borgia não tenha cometido, maldade de que ele não tenha dado exemplo, nenhuma espécie de atentado de que não tenha sido culpado.] Mandou assassinar o irmão e rival de glória no mundo e de amor em sua irmã[b]; mandou matar os suíços do papa, por vingança contra alguns suíços que haviam ofendido sua mãe; despojou uma infinidade de[c] cardeais [e homens ricos], para saciar sua cupidez; invadiu[d] a Romanha do duque de Urbino, seu possuidor, e mandou executar o cruel d'Orco, seu vice-tirano; cometeu uma hedionda traição em Sinigaglia contra[e] alguns príncipes cuja vida ele acreditava contrariar seus interesses; mandou afogar uma dama veneziana que ele havia seduzido. Quantas crueldades foram

....
a. trata-se de uma.
b. o rival de glória e de amor em casa da própria irmã.
c. vários.
d. roubou.
e. mandou matar, por meio das mais execrável traição, em Sinigaglia.

cometidas sob suas ordens, quem poderia contar todo o número de[f] seus crimes! Esse era o homem que Maquiavel prefere a todos os grandes gênios de seu tempo e aos heróis da antiguidade, cuja vida [e ações] ele acha dignas de servir de exemplo àqueles que a fortuna promove.

[Ouso tomar o partido da humanidade contra aquele que quer destruí-la[38]] e devo combater Maquiavel em todos os mínimos pormenores, para que aqueles que pensem como ele não encontrem subterfúgios [e não reste nenhum reduto para a sua maldade].

César Borgia fundamentou os planos de grandeza na dissensão[g] dos príncipes da Itália; [resolveu criar desentendimentos entre eles para tirar proveito de seus despojos. É uma combinação de crimes medonhos. Borgia não considerava nada injusto quando sua ambição falava mais alto; uma queda acarretava outra queda.] Para usurpar os bens de meus vizinhos, preciso enfraquecê-los; e para enfraquecê-los, preciso criar desentendimentos entre eles: esta é a lógica dos facínoras.

Borgia queria garantir um apoio; portanto, foi preciso que Alexandre VI desse dispensa de casamento a Luís XII, para que este lhe desse[h] socorro. É assim que *os eclesiásticos frequentemente escarnecem do mundo e pensam apenas em seus interesses quando parecem mais apegados ao interesse dos céus*[39]. Se o casamento de Luís XII era por natureza solúvel, o papa deveria tê-lo dissolvido sem que a política

....

f. contar todos.

38. Voltaire elimina dessa vez essa reminiscência, já encontrada no *Prefácio* (ver nota 2).

g. destruição.

h. para receber seu.

39. Correção: "É assim que aqueles que devem edificar o mundo muitas vezes só fizeram o interesse do céu servir de véu ao seu próprio interesse." A palavra *eclesiástico* não é enunciada, mas a crítica continua viva da mesma maneira.

entrasse em jogo[i]; se aquele casamento não era solúvel por natureza, o chefe da Igreja[j] [e vigário de Jesus Cristo] nada deveria determinar a seu respeito.

Borgia precisava formar suas próprias criaturas; por isso, corrompeu a facção[k] dos Urbinos com presentes [e liberalidades. O corruptor é de algum modo tão criminoso quanto o corrompido, pois desempenha o papel de tentador, e sem essa tentação o outro não poderia sucumbir.] Mas deixaremos de arrolar os crimes de Borgia e omitiremos suas corrupções, no mínimo porque elas têm alguma semelhança com ações benfazejas, [com a diferença de que o corruptor é generoso para si mesmo, enquanto o beneficente o é para com os outros]. Borgia queria desfazer-se de alguns príncipes da casa de Urbino, de Vitellozzo, de Oliverotto di Fermo etc.; e Maquiavel diz que ele teve a prudência de chamá-los a Sinigaglia, onde mandou matá-los à traição.

Abusar da [boa-] fé dos homens, [dissimular a própria maldade], usar ardis infames, [trair], perjurar, assassinar, tudo isso o doutor da canalhice chama de prudência. Não falo com ele de religião nem de moral, mas simplesmente de interesse; isso bastará para confundi-lo. Pergunto se há prudência [nos homens] de[l] mostrar [como se pode trair a fé e] como se pode perjurar. Se destruirdes a boa-fé e o juramento, quais serão as garantias de que tereis a fidelidade dos homens? [Se destruirdes os juramentos, com que quererreis obrigar os súditos e os povos a respeitar vosso domínio? Se aniquilardes a boa-fé, como podereis ter confiança seja lá em quem for e como contar com o cumprimento das promessas que vos forem feitas?] Dai exemplos de traição e

....

i. supondo-se que ele tivesse poder para tanto.
j. igreja romana.
k. as facções.
l. em.

sempre encontrareis traidores que vos imitarão[m]. [Dai exemplos de perfídia, e quantos pérfidos vos pagarão na mesma moeda!] Ensinai o[n] assassinato *e temei que algum de seus discípulos tente o golpe contra vossa própria pessoa*[o], [e assim só vos restam a vantagem de ter preeminência no crime e a honra de ter ensinado o caminho a monstros tão desnaturados quanto vós. É assim que os vícios se confundem e cobrem de infâmia aqueles que se lhes dedicam, tornando-se prejudiciais e perigosos para seus próprios autores. Nunca um príncipe terá o monopólio do crime; assim, nunca encontrará impunidade para suas abominações. O crime é como um rochedo do qual se destaque uma parte que vai rompendo tudo o que encontre pelo caminho e, finalmente, com seu próprio peso, acabe por se destruir. Que erro abominável, que desvario da razão pode levar Maquiavel a sentir gosto por máximas contrárias à humanidade, detestáveis e depravadas?]

Borgia instalou o cruel d'Orco como governador da Romanha para reprimir as desordens[p], [os roubos e os assassinatos que ali eram cometidos. Que lastimável contradição!] Borgia *deveria envergonhar-se de punir nos outros os vícios que tolerava em si mesmo*[q]. O mais violento dos usurpadores, o mais falso dos perjuros, o mais cruel dos assassinos e envenenadores [podia] condenar à morte uns larápios e bandidos[r] que copiavam em miniatura o caráter de seu novo senhor, segundo sua escassa capacidade?

Aquele rei da Polônia cuja morte acaba de causar tantas conturbações na Europa agia com bastante coerência e no-

....

m. temei ser traídos.

n. dai o exemplo de.

o. deve temer a mão de seus discípulos.

p. algumas desordens.

q. puniu com barbárie nos outros os vícios menores que eram seus.

r. condenar aos mais medonhos suplícios alguns larápios, alguns agitadores.

breza em relação a seus súditos saxões. As leis da Saxônia condenavam qualquer luxurioso[s] à decapitação. Não me aprofundarei na origem dessa lei bárbara, que parece mais adequada ao ciúme italiano do que à paciência alemã. Qualquer infeliz transgressor dessa lei [levado pelo amor a enfrentar o uso e o suplício, o que não é pouco,] era condenado[t]. Augusto devia assinar a sentença de morte; mas Augusto era sensível ao amor e à humanidade; agraciou o criminoso e revogou uma lei que tacitamente o condenava [toda vez que ele precisava assinar esse tipo de sentença. A partir daí, a galanteria obteve o privilégio de impunidade na Saxônia[40]].

A conduta daquele rei era de homem sensível e humano; a de César Borgia era de um bandido e tirano[u]. [Um deles, como pai de seus povos, tinha indulgência pelas fraquezas que sabia serem inseparáveis da humanidade; o outro, sempre rigoroso, sempre feroz, perseguia os súditos que percebia não terem vícios semelhantes aos seus; um podia suportar a visão de suas fraquezas, o outro não ousava ver seus crimes.] Borgia manda esquartejar o cruel d'Orco, que atendera de modo perfeito às suas intenções, para parecer agradável ao povo, punindo o órgão[v] de sua barbárie [de sua crueldade]. O peso da tirania nunca se faz sentir tanto como quando o tirano quer cobrir-se das aparências de inocência e quando a opressão se dá à sombra das leis. [O tirano nem sequer deseja que o povo tenha o frágil consolo de conhecer suas injustiças; para escusar suas crueldades, é preciso que outros sejam culpados por elas, e que outros sofram a punição. Parece-me ver um assassino que,

....
s. qualquer adúltero.
t. é condenado.
40. Trata-se de Augusto II, eleitor da Saxônia, rei de Polônia, morto em 1733.
u. César Borgia só punia como tirano feroz.
v. o instrumento.

O anti-Maquiavel

acreditando enganar o público e ser absolvido, lançasse às chamas o instrumento de seu furor. É isso o que podem esperar os indignos ministros do crime dos príncipes: embora recompensados quando necessário, cedo ou tarde servirão de vítimas a seus senhores; isso é ao mesmo tempo uma bela lição para os que se confiam com leviandade a ardilosos como César Borgia e para os que, sem reserva e sem consideração pela virtude, põem-se a serviço de seus soberanos. Assim, o crime sempre traz consigo a punição.]

Borgia, estendendo sua previdência até após a morte do papa, seu pai, começava exterminando todos aqueles que despojara de seus bens, para que o novo papa não pudesse usá-los contra ele. Vejamos a cascata do crime: para prover às despesas, é preciso ter bens; para tê-los, é preciso desapossar seus donos; e para gozá-los com segurança, é preciso exterminá-los. [O conde de Horn, executado na praça da Grève, não teria dito coisa melhor. As más ações são como os bandos de cervos: quando um deles transpõe a rede de caça, todos os outros o seguem. Portanto, é preciso ter cuidado com os primeiros passos[41]].

Borgia, para envenenar alguns cardeais, convida-os a cear em casa de[w] seu pai. O papa e ele, por distração, tomam daquela beberagem[x]: Alexandre VI morre, Borgia escapa[42], digna recompensa de envenenadores e assassinos.

Eis aí a prudência, [a sabedoria], a habilidade e as virtudes que Maquiavel não se cansava de louvar. *O famoso bispo de Meaux, o célebre bispo de Nîmes, o eloquente panegirista de Trajano*[y] não teriam defendido melhor os seus

....
41. No lugar destas últimas linhas, Voltaire escreve: "Raciocínio de salteadores de estrada."

w. manda convidá-los a cear com.

x. da bebida envenenada.

42. Acréscimo: "para levar vida infeliz".

y. Bossuet, Fléchier, Plínio.

heróis do que Maquiavel o fez com César Borgia. Se o elogio que ele faz fosse apenas uma ode ou uma figura de retórica, admiraríamos[z] sua sutileza, desprezando[aa] sua escolha; mas é o contrário: é um tratado de política que deve passar para a posteridade [remota], é uma obra muito séria, na qual Maquiavel tem a impudência de fazer elogios ao monstro mais abominável que o inferno já vomitou na terra. É expor-se de sangue-frio ao ódio do gênero humano [e ao horror das pessoas de bem].

[César Borgia, segundo Maquiavel, teria sido perfeito se não tivesse apoiado a ascensão do cardeal de San Pietro in Vincoli ao pontificado, pois, segundo diz, "nos grandes homens as beneficências presentes nunca apagam as injúrias passadas". Não imagino o grande homem da definição dada pelo autor. Todos aqueles que pensassem bem renunciariam para sempre ao título de grande, caso só fosse possível merecê-lo graças ao espírito vingativo, à ingratidão ou à perfídia.]

[O trabalho e as preocupações de César Borgia para engrandecer-se e atender à sua ambição foram mal recompensados, pois, depois da morte do *papa*, ele perdeu a Romanha e todos os seus bens; refugiou-se junto ao rei de Navarra na Espanha, onde morreu em uma daquelas traições de que tanto se valera em vida.]

[Assim se desvaneceram tantos planos ambiciosos e tantos projetos cuidadosamente concebidos e secretamente ocultados; assim se tornaram inúteis tantos combates, assassinatos, crueldades, perjúrios e perfídias; tantos perigos pessoais, tantas situações penosas, tantos casos complicados de que Borgia se safou não serviram de nada para o seu destino e tornaram a sua queda maior e mais notável. Assim é a

....

z. poderíamos louvar.
aa. detestando.

ambição: fantasma que promete bens que não tem condições de dar e não possui. O homem ambicioso é como um segundo Tântalo que, no mesmo rio em que nada, não pode e não poderá jamais matar a sede.]

[Acaso o que o ambicioso busca é a glória? Errado; pois é atrás da falsa glória que se corre, e mesmo a verdadeira não passa de um punhado de fumaça. Os grandes homens de nossos dias perdem-se entre o imenso número daqueles que cometeram ações grandiosas e heroicas, assim como as águas dos riachos que enxergamos enquanto estão correndo pelo leito, mas perdemos de vista quando, numa foz, vão confundir-se com as ondas de um imenso oceano.]

[Portanto, será a felicidade o que os ambiciosos procuram? Vão encontrá-la ainda menos que à glória; o caminho deles está cheio de espinhos, e eles só encontrarão preocupações, desgostos e trabalhos infindos. A verdadeira felicidade está tão pouco vinculada à fortuna quanto o corpo de Heitor amarrado ao carro de Aquiles. Só há felicidade para o homem dentro do próprio homem, e só a sabedoria o leva a descobrir esse tesouro.]

CAPÍTULO VIII

[Na Europa, as *Filípicas* do Sr. de la Grange[43] são vistas como um dos libelos difamatórios mais fortes jamais compostos, no que se deixa de ter razão. No entanto, o que tenho para dizer contra Maquiavel é mais veemente do que aquilo que foi dito pelo Sr. de la Grange, pois sua obra nada mais era propriamente do que uma calúnia contra o regente da França, e o que critico em Maquiavel são verdades.] Uso

....

43. La Grange-Chancel (1677-1758), autor de tragédias, em 1720 escreveu contra o Regente odes difamatórias intituladas *Filípicas*. Foi detido e encarcerado.

suas próprias palavras[a] para refutá-lo. Que poderia eu dizer de mais atroz sobre ele, senão que ditou regras [de política] para aqueles que são elevados à suprema grandeza pelos próprios crimes? É o título desse capítulo.

Se Maquiavel ensinasse o crime num seminário de bandidos, se dogmatizasse a perfídia numa universidade de traidores, não seria espantoso que tratasse de assuntos dessa natureza; mas fala a todos os homens. [Pois um autor impresso comunica-se com todo o universo;] e ele se dirige principalmente àqueles seres humanos[b] que devem ser os mais virtuosos, pois estão destinados a governar os outros. O que haverá então de mais infame e insolente do que ensinar-lhes [traição,] perfídia, assassinato [e todos os crimes]? Seria mais desejável, para o bem do universo, que exemplos semelhantes aos de Agátocles e de Oliverotto di Fermo, que Maquiavel tem o prazer de citar, nunca se encontrassem[c], [ou pelo menos que fosse possível apagar perpetuamente sua lembrança da memória dos homens].

[Nada é mais sedutor do que o mau exemplo.] A vida de um Agátocles ou de um Oliverotto di Fermo é capaz apenas de fazer que o instinto leve ao crime o germe perigoso que cada um encerra em si sem bem o conhecer. Quantos jovens estragaram a mente na leitura de romances, que passaram a só ver e pensar como Gandales ou Medoro*! Há algo de epidêmico no modo de pensar, [se me for lícito expressar-me assim,] que se transmite de um espírito a outro. Aquele homem extraordinário, aquele rei [aventureiro digno da antiga cavalaria, aquele herói errante] cujas virtudes, levadas a

....

a. uso as próprias palavras de Maquiavel.

b. homens.

c. fossem para sempre ignorados.

* Gandales: em *Amadis de Gaula*, filho do cavaleiro da Escócia. Medoro: em *Orlando Furioso*, jovem mouro pelo qual Angélica se apaixona e com quem se casa, causando o desespero de Orlando.

certo excesso[d], degeneravam em vícios – Carlos XII – trazia desde[e] a mais tenra infância a vida de Alexandre Magno, [consigo] e muitas pessoas que conheceram pessoalmente aquele Alexandre do Norte garantem que Quinto Cúrcio assolou a Polônia, Estanislau tornou-se rei segundo Poros[f][44], e a batalha de Arbela ocasionou a derrota de Poltava.

[Seria lícito descer de um exemplo tão elevado a exemplos menores? Parece-me que, em se tratando da história do espírito humano, desaparecendo as diferenças de condições e de estados, em filosofia os reis nada mais são que homens, e todos os homens são iguais; trata-se apenas de impressões ou de modificações, em geral, produzidas por certas causas exteriores sobre o espírito humano.]

[Toda a Inglaterra sabe o que aconteceu em Londres há alguns anos: ali foi representada uma comédia bem ruim com o título de *Cartouche*; o tema da peça era a imitação de algumas malandragens e safadezas daquele famoso ladrão. Ocorre que muitas pessoas, ao saírem daquelas representações, se deram conta da perda de anéis, tabaqueiras ou relógios; Cartouche fez discípulos tão depressa, que praticavam suas lições na própria plateia, o que obrigou a polícia a proibir a perigosíssima representação daquela comédia. Isso prova, parece-me, que nunca seria demais usar circunspecção e prudência na produção dos exemplos, sendo muito pernicioso citar os que sejam maus.]

[A primeira reflexão de Maquiavel sobre Agátocles e sobre Fermo gira em torno das razões que os mantiveram no poder, apesar de suas crueldades. O autor atribui isso ao

....

d. exacerbadas.

e. trazia consigo desde.

f. Abdolômino.

44. Ou melhor, Abdalônimo, que Alexandre tornou rei de Tiro. Poros, rei da Índia, vencido por Alexandre, evidentemente era um mau exemplo. Lapso de Frederico.

Frederico II

fato de terem cometido suas crueldades com pertinência: ora[45]], ser prudentemente bárbaro e exercer a tirania com coerência significa, segundo esse político abominável, executar [ao mesmo tempo e] de uma só vez todas as violências e todos os crimes considerados úteis a seus interesses.

Podeis assassinar aqueles que vos sejam suspeitos, [aqueles dos quais desconfieis,] e aqueles que se declarem vossos inimigos, mas não podeis arrastar a vingança. Maquiavel aprova ações semelhantes às Vésperas Sicilianas, ao horrendo massacre da noite de São Bartolomeu ou crueldades cometidas que enrubescem[g] a humanidade. Esse monstro desnaturado[h] não leva em conta o horror desses crimes, desde que sejam cometidos de uma maneira [que se imponha ao povo e] apavore enquanto são recentes; a razão que apresenta para isso é que as ideias se apagam com mais facilidade no público do que essas[i] crueldades sucessivas e contínuas [dos príncipes, com as quais eles propagam durante toda a vida a lembrança de sua ferocidade e de sua barbárie]; como se não fosse igualmente ruim [e abominável] causar a morte de mil pessoas num só dia ou mandar assassiná-las com intervalos[46]. [A barbárie determinada e pronta dos primeiros causa mais pavor e medo; a maldade mais lenta, mais premeditada dos segundos inspira mais

....

45. Voltaire elimina os dois parágrafos anteriores e substitui o começo deste pela seguinte transição: "Mas quem dera Maquiavel só tivesse citado Alexandres! Ele apresenta Agátocles e Fermo como modelos de prudência e felicidade. Mantiveram-se em seus pequenos estados, a crer-se nele, porque cometeram crueldades com pertinência."

g. nas quais foram cometidas crueldades que causam horror à.

h. ele.

i. do que as ideias das.

46. O raciocínio de Frederico é nesse ponto bastante ineficaz, pois na mesma frase ele se refere inicialmente ao ponto de vista puramente psicológico de Maquiavel e depois se entrincheira atrás de uma reflexão moral e teórica. A frase seguinte, eliminada por Voltaire, aliás, dava quase razão a Maquiavel, sem querer.

aversão e horror. A vida do imperador Augusto deveria ter sido citada por Maquiavel; esse imperador subiu ao trono ainda encharcado do sangue dos seus cidadãos e maculado pela perfídia de suas proscrições, mas, seguindo os conselhos de Mecenas e Agripa, substituiu tantas crueldades pela mansidão, que se chegou ao ponto de dizer que ele nunca deveria ter nascido ou nunca morrido. Talvez Maquiavel lamentasse um pouco que Augusto tivesse terminado melhor do que começara, por isso mesmo achando indigno que ele fosse colocado entre seus grandes homens.]

[Mas que abominável política a desse autor! O interesse de um único particular subverterá o mundo, e sua ambição terá a escolha das maldades e o determinará ao bem tanto quanto aos crimes; horrenda prudência dos monstros que só conhecem a si mesmos e só amam a si mesmos no universo, que infringem todos os deveres da justiça e da humanidade para seguir a torrente furiosa de seus caprichos e excessos!]

Não é suficiente refutar a horrenda moral de Maquiavel; [ainda] é preciso acusá-lo de falsidade e má-fé.

Primeiramente, é falso, [como relata Maquiavel], que Agátocles tenha gozado em paz os frutos de seus crimes: Ele esteve quase o tempo todo em guerra contra os cartagineses; foi até obrigado a abandonar seu exército na África[j], que massacrou seus filhos depois de sua partida; e morreu ao ingerir uma bebida envenenada que lhe fora dada pelo próprio neto. Oliverotto di Fermo morreu em decorrência da perfídia de Borgia, [digna recompensa de seus crimes; e, como isso ocorreu um ano após a sua ascensão, a queda parece tão acelerada, que se tem a impressão de ter sido assim antecipado com a punição aquilo que estava sendo preparado pelo ódio público[47].]

....

j. na África o seu exército.

47. Remanejamento desse trecho: "[...] um ano depois de sua ascensão; assim, um criminoso puniu o outro e antecipou com seu ódio particular aquilo

[O exemplo de Oliverotto di Fermo, portanto, não deveria ter sido citado pelo autor, pois nada prova. Maquiavel gostaria que o crime fosse bem-sucedido e assim pretende ter alguma boa razão para torná-lo aceitável, ou pelo menos um argumento razoável produzir.]

Mas suponhamos que o crime possa[k] ser cometido com segurança, [e que um tirano possa exercer impunemente sua canalhice:], assim mesmo ele não temerá[l] uma morte trágica, e também se sentirá infeliz por ver que é opróbrio do gênero humano; não poderá abafar esse testemunho interior de sua consciência que depõe contra ele; [não poderá impor silêncio a essa voz poderosa que se faz ouvir tanto nos tronos dos reis quanto nos tribunais dos tiranos; não poderá evitar a funesta melancolia que, atingindo sua imaginação, o fará ver a sair do túmulo aqueles espectros ensanguentados que sua crueldade ali depusera, e que lhe parecerão assim forçar as leis da natureza apenas para lhes servirem de carrascos neste mundo e vingarem, depois da morte, seu fim infeliz e trágico[48].]

....

que estava sendo preparado para Oliviero pelo ódio público." Os argumentos de Frederico aqui são bem cerrados e, do ponto de vista estrito do sucesso, não se pode dizer que Fermo tenha sido feliz. Mas Maquiavel parece menos preocupado com o sucesso final do que com o sucesso parcial de certas ações bem desenvolvidas; ele propõe uma série de exemplos fragmentários, dos quais o príncipe, seu eventual discípulo, possa tirar proveito. Por isso, a refutação não vai ao cerne da questão, mas deixa a Maquiavel um território muito exíguo, o da virtuosidade ambiciosa.

k. ainda que o crime pudesse.

l. esse tirano não temeria.

48. Voltaire substitui essa evocação digna de uma tragédia pelo seguinte resumo: "suplício real, suplício insuportável, que ele carrega sempre no fundo do coração. Não, não faz parte da natureza de nosso ser que um criminoso seja feliz". Por trás de todas essas declarações morais, cuja insistência pode parecer indiscreta e, para alguns, ingênua, há de qualquer modo uma realidade psicológica cuja profundidade Shakespeare evidenciou, sobretudo em *Macbeth*. Justamente a principal fraqueza de Maquiavel foi ter tratado o assunto de modo quase mecânico, sem levar em conta a sensibilidade moral, que,

Basta ler a vida de um Dionísio, de um Tibério, de um Nero, de um Luís XI, de um Ivan Basilievitch, para se ver que esses monstros[m], [igualmente insensatos e furiosos], acabaram da maneira [mais funesta e] mais infeliz do mundo. O homem cruel tem um temperamento misantropo e atrabiliário; se desde muito jovem ele não combater essa disposição infeliz de seu corpo, sem dúvida se tornará furioso e insensato. Mesmo que não houvesse justiça na terra e nenhuma Divindade nos céus[n], seria preciso que os homens fossem virtuosos, pois a virtude[o] os une e lhes é absolutamente necessária para a conservação, e o crime só pode torná-los desafortunados e destruí-los.

[Maquiavel carece de sentimento, de boa-fé e de razão. Expus sua má moral e sua infidelidade nas citações de exemplos. Agora eu o acusarei de cometer contradições grosseiras e manifestas. Que o mais intrépido comentador, que o mais sutil intérprete aqui concilie Maquiavel com ele mesmo. Diz ele nesse capítulo: "Agátocles manteve a grandeza com coragem heroica; no entanto, não se pode dar o nome de virtude aos assassinatos e às traições que cometeu." E no capítulo sétimo, diz a respeito de César Borgia: "Ele esperou a ocasião de se desfazer dos Ursinos e usou-a com prudência." *Ibid*. "Se examinarmos, em geral, todas as ações de Borgia, será difícil criticá-las." *Ibid*. "Ele não podia ter agido de modo diferente do que agiu." Permitam-me perguntar ao autor no que Agátocles difere de César Borgia.

....

apesar de tudo, é um elemento da realidade. Seu príncipe, caso totalizasse na prática todos os procedimentos que lhe são oferecidos, seria propriamente o *monstro* que Frederico denuncia, ou seja, um ser impossível e desumano. Sem dúvida há excessiva "perfeição" nesse programa, e os próprios exemplos tomados à história mostram que nesse assunto a rocha Tarpeia está próxima do Capitólio.

m. esses homens maus.

n. no céu.

o. somente a virtude.

Vejo neles os mesmos crimes e mesma maldade. Se fosse feito um paralelo entre eles, seria difícil decidir qual dos dois foi mais criminoso[49].]

[A verdade, porém, obriga Maquiavel a de vez em quando fazer confissões em que ele parece querer emendar o que disse a respeito da virtude. A força da evidência obriga-o a dizer que "um príncipe deve comportar-se de maneira sempre uniforme, para que em tempos difíceis não se veja obrigado a ceder alguma coisa para dar prazer a seus súditos, pois nesse caso sua brandura extorquida não teria mérito, e seu povo não lhe seria grato". Assim, Maquiavel, a crueldade e a arte de fazer-se temer não serão as únicas molas da política, como pareceis a insinuar e vós mesmo concordais que a arte de ganhar os corações é o fundamento mais sólido da segurança de um príncipe e da fidelidade de seus súditos. Não peço mais; essa confissão da boca de meu inimigo deve bastar-me. É ter pouco respeito por si

....

49. Tentei (ver abaixo texto entre colchetes) mostrar o que distingue Agátocles de Borgia, na opinião de Maquiavel. Convenhamos, porém, que a distinção pode parecer sutil, e que a refutação de Frederico conserva alguma probabilidade. O curioso é que Voltaire eliminou todo esse trecho. Tê-lo-ia achado frágil e teria compreendido o texto de Maquiavel mais que Frederico? Talvez quisesse simplesmente terminar esse capítulo com as fórmulas mais gerais e bastante eloquentes do parágrafo anterior. [Maquiavel separa nitidamente Agátocles, príncipe pelo crime, de Borgia, príncipe pelo valor. No entanto, parece não haver grande diferença entre o massacre dos senadores de Siracusa e o dos Ursini em Sinigaglia. Mas, para Maquiavel, tudo está na iniciativa: Agátocles começou pelo crime, enquanto Borgia começou pela composição e pelo ardil. Basta comparar os títulos dos capítulos: Agátocles é daqueles que obtiveram a soberania por meio dos crimes; Borgia utilizou "a ajuda alheia". Um é todo violência; o outro é de início inteligência, pois é principalmente por *inteligência* que se deve interpretar a controvertida palavra *virtù*. Agátocles cortou brutalmente o nó górdio do acesso ao poder. Borgia em grande parte o desatou por meio de um inteligente jogo de influências e de medidas adequadas, concedendo à violência apenas o indispensável. Assim deve ser entendida a posição de Maquiavel, se não quisermos contrassensos a respeito de seu livro.]

mesmo e pelo público produzir e publicar uma obra disforme, sem coerência, sem ordem e cheia de contradições. O *Príncipe* de Maquiavel, mesmo abstraindo-se de perniciosa moral, só pode justificar o desprezo pelo autor, não passa propriamente de um sonho no qual todos os tipos de ideia colidem e se entrechocam; são acessos de raiva de um insensato que às vezes tem intervalos de bom-senso.]

[A recompensa do crime é que aqueles que seguem o crime em prejuízo da virtude, se chegam a escapar do rigor das leis, perdem como Maquiavel o juízo e a razão.]

CAPÍTULO IX

Não há sentimento mais inseparável em nosso ser que o da liberdade; desde o homem mais civilizado até o mais bárbaro, todos são igualmente por ela compenetrados; pois, como nascemos sem cadeias, pretendemos viver sem coerção, [e, como só queremos depender de nós mesmos, não queremos nos sujeitar aos caprichos alheios]. Foi esse espírito de independência e altivez que produziu tantos grandes homens no mundo e deu ensejo àqueles tipos de governo que são chamados de republicanos[a], [que, com o apoio de leis sábias, sustentam a liberdade dos cidadãos contra tudo o que possa oprimi-la, e] que estabelecem uma espécie de igualdade entre os membros de uma república[b], o que os aproxima [muito] do estado natural.

Nesse capítulo Maquiavel apresenta boas [e excelentes] máximas de política àqueles que sobem ao poder supremo com a ajuda[c] dos chefes de uma república [ou do povo; o

....

a. ensejo aos governos republicanos.
b. entre os homens.
c. com o livre consentimento.

que me possibilitará duas reflexões, uma de cunho político e outra de cunho moral[50]].

[Embora as máximas do autor sejam muito convenientes àqueles que subirão ao poder favorecidos por seus concidadãos, parece-me que os exemplos desse tipo de ascensão são raríssimos na história.] O espírito republicano, cioso ao extremo de sua liberdade, demonstra desconfiança em relação a tudo o que possa criar-lhe entraves, e revolta-se contra a simples ideia de ter um senhor. Na Europa conhecem-se povos que sacudiram o jugo de seus tiranos para gozar de uma independência feliz[d]; mas não se conhece nenhum povo que, tendo sido antes livre, se tenha sujeitado à escravidão voluntária.

Várias repúblicas, com o passar do tempo, reincidiram no despotismo; parece até que esse é um mal inevitável, à espera de todas, [e não passa de efeito das vicissitudes e das mudanças sofridas por todas as coisas deste mundo]. Pois, de que modo uma república resistiria eternamente a todas as causas que minam a sua liberdade? Como poderia conter o tempo toda a ambição dos grandes que ela mesma alimenta em seu seio, [ambição que renasce incessantemente e nunca morre]? Como [poderá] no longo prazo vigiar as seduções [e] as surdas práticas de seus vizinhos, bem como a corrupção de seus membros, enquanto o interesse é[e] onipotente nos homens? Como pode esperar sempre se sair bem das guerras que terá de travar? Como [poderá] prevenir as conspirações nocivas à liberdade, os momentos críticos [e decisivos e] os acasos que favorecem os temerários[f] e os

---

50. Voltaire transforma assim o fim desse parágrafo, percebendo o caráter excepcional desse capítulo: "Eis aí praticamente o único caso em que ele permite ser probo; mas, infelizmente, esse caso nunca ocorre."

d. da independência.

e. for.

f. os corruptos.

audaciosos? Se suas tropas forem comandadas por chefes frouxos e tímidos, ela se tornará vítima de seus inimigos; e se tiverem à testa homens valentes e audaciosos, *estes não serão menos audazes em tempo de paz do que o são em tempo de guerra*[51]; [o defeito de sua própria constituição, portanto, as fará perecer mais cedo ou mais tarde].

[Mas as guerras civis, se são funestas a um Estado monárquico, são ainda mais funestas a um Estado livre; para eles, é uma doença mortal: favorecidos por elas, os Silas conservaram a ditadura em Roma, os Césares tornaram-se senhores por meio das armas que tinham sido postas em suas mãos, e os Cromwells conseguiram ascender ao trono.]

Quase todas as repúblicas ergueram-se do abismo da tirania[g] para atingirem o cume da liberdade e quase todas recaíram dessa liberdade na escravidão. Os mesmos atenienses que, do tempo de Demóstenes, ultrajavam Filipe da Macedônia, rastejaram diante de Alexandre; os mesmos romanos que abominavam a realeza após a expulsão dos reis, toleraram pacientemente, passados alguns séculos, todas as crueldades de seus imperadores; e os mesmos ingleses que executaram Carlos I, *pois ele conculcava seus direitos*, vergaram a rijeza de sua coragem sob *o poder altaneiro*[52] de seu Protetor. Não foram tais repúblicas que se submeteram voluntariamente a senhores, mas[h] foram homens audaciosos que, ajudados por algumas conjunturas favoráveis, as submeteram contra a vontade delas [e pela força].

....
51. Correção "eles serão perigosos na paz, depois de terem servido na guerra".

g. servidão.

52. Correções: "[...] Carlos I, porque ele usurpara alguns pequenos direitos, [...] sob a altiva e hábil tirania de seu Protetor." Voltaire desse modo introduz nuances que defendem em parte Carlos I e tornam mais complexa a personalidade de Cromwell.

h. foram.

49

Assim como os homens nascem, vivem certo tempo e morrem de doença ou de velhice, também as repúblicas se constituem, florescem durante alguns séculos e finalmente perecem pela audácia de um cidadão ou pelas armas de seus inimigos. Tudo tem seu período, [todos os impérios e] e até mesmo as maiores monarquias duram apenas algum tempo[53], [não há nada no universo que não esteja sujeito às leis da mudança e da destruição. O despotismo dá o golpe mortal à liberdade e, mais cedo ou mais tarde, põe termo ao destino de uma república. Algumas se sustentam durante mais tempo que outras, de acordo com a força de seu temperamento; adiam, naquilo que delas depende, o momento fatal da ruína, utilizam todos os remédios indicados pela sabedoria para prolongar seu destino; mas, finalmente, é preciso ceder às leis eternas e imutáveis da natureza, e cumpre que elas pereçam quando a cadeia dos acontecimentos provoca a sua perdição.]

[Aliás, não é a homens que sabem o que é ser feliz e querem sê-lo que se deve propor a renúncia à liberdade.]

[Nunca se convencerá um republicano, Catão ou Littleton, de que o governo monárquico é a melhor forma de governo quando um rei tem a intenção de cumprir seu dever, pois sua vontade e seu poder tornam a bondade eficaz. Admito – dirá ele; mas onde encontrar essa fênix dos príncipes? É o homem de Platão, é a Vênus de Médicis que um escultor hábil construiu a partir da montagem de quarenta beldades diferentes, mas que só existiu no mármore. Sabemos o que a humanidade comporta, e que há poucas virtudes que resistem ao poder ilimitado de satisfazer os próprios desejos e às seduções do trono. Vossa monarquia

---

53. Voltaire resume da seguinte maneira todo o fim do parágrafo: "Todas as repúblicas sentem que esse tempo chegará e encaram toda e qualquer família poderosa demais como o germe da doença que deve dar-lhes o golpe de morte."

metafísica seria um paraíso na terra, se existisse alguma, mas o despotismo, tal como ele é realmente, transforma este mundo em verdadeiro inferno[54].]

[Minha segunda reflexão diz respeito à moral de Maquiavel. Eu não poderia abster-me de criticar nele o fato de que o interesse, em sua opinião, é o nervo de todas as ações boas e ruins. É verdade, de acordo com a opinião comum, que o interesse desempenha papel importante num sistema despótico, e a justiça e a probidade, não; mas deveríamos exterminar para sempre a hedionda política que não se debruce sobre máximas de moral sã e depurada. Maquiavel quer que tudo seja feito no mundo por interesse, assim como os jesuítas querem salvar os homens unicamente por medo ao diabo, excluindo-se o amor a Deus. A virtude de-

....

54. Todo este parágrafo foi remanejado da seguinte maneira:

"Nunca convenceremos republicanos realmente livres de que devem submeter-se a um senhor; pois eles sempre dirão: é melhor depender das leis do que do capricho de um homem apenas. As leis são justas por natureza, e o homem nasce injusto; elas são o remédio para nossos males, e esse remédio pode facilmente transformar-se em veneno mortal nas mãos daquele que pode tudo o que quer. Por fim, a liberdade é um bem que trazemos ao nascer; por quais razões – dirão os republicanos – nós nos desfaríamos de nosso bem? Portanto, assim como é criminoso revoltar-se contra um soberano estabelecido pelas leis, é criminoso querer sujeitar uma República."

Assim, nesse capítulo, Maquiavel já não é tachado de crueldade e imoralidade intrínseca, mas de quimera: nenhuma república cederá voluntariamente a autoridade a um homem apenas. E, ao pé da letra, Frederico-Voltaire parecem ter razão. De fato, se podemos objetar que Maquiavel pensa nas tiranias de essência popular oriundas das lutas entre plebeus e patrícios e às quais o povo, em seu ódio à aristocracia, parece ter dado investidura espontânea, não é menos verdade que não foi a própria república, e sim uma facção, que desse modo delegou o poder absoluto a um homem; a república, como corpo coletivo, é necessariamente lesada por tal fato. Prova disso é que esse poder não se estabelece sem alguma violência contra o partido vencido, o que reduz esse tipo de principado a um dos tipos anteriores. A refutação de Frederico-Voltaire não invalida o estudo penetrante de Maquiavel, mas põe engenhosamente em seu lugar uma categoria de despotismo que Maquiavel apresentava como o coroamento quase legal de uma carreira republicana.

veria ser o único motivo de nossas ações, pois quem diz virtude diz razão; são coisas inseparáveis, que o serão sempre quando agirmos de modo consequente. Sejamos, pois, racionais, pois é apenas um pouco de razão que nos distingue dos animais, e apenas a bondade nos aproxima daquele ser infinitamente bom ao qual devemos nossa existência.]

CAPÍTULO X

Desde o tempo em que Maquiavel escreveu seu *Príncipe político*, o mundo mudou tanto que se tornou quase irreconhecível. [As artes e as ciências, que começavam então a renascer das cinzas, ressentiam-se ainda da barbárie na qual haviam sido mergulhadas pelo estabelecimento do cristianismo, pelas frequentes invasões dos godos à Itália e por uma sequência de guerras cruéis e sangrentas. Atualmente, quase todas as nações trocaram seus antigos costumes por novos, príncipes fracos tornaram-se poderosos, as artes se aperfeiçoaram, e a face da Europa está inteiramente diferente daquela que existia no século de Maquiavel.]

[Se um filósofo daqueles tempos recuados voltasse ao mundo, achar-se-ia idiota e ignorante: nem mesmo entenderia o linguajar da nova filosofia; encontraria novidades no céu e na terra; em vez daquela inação, em vez daquela quietude que supunha existirem em nosso globo, veria o mundo e todos os astros submetidos às leis do movimento propulsor e da atração, que, nas diferentes elipses, giram em torno do sol, que por sua vez tem um movimento espiral em torno de seu eixo; em lugar das grandiosas e bizarras palavras, que com orgulhosa ênfase envolviam de obscuridade a falta de sentido de seus pensamentos, ocultando sua soberba ignorância, aprenderia a conhecer a verdade e a evidência com simplicidade e clareza; e em troca de seu mísero romance de física lhe seriam dadas experiências admiráveis, corretas e espantosas[55].]

Se algum hábil capitão de Luís XII reaparecesse hoje, ficaria totalmente desorientado: veria que a guerra é feita com exércitos[a] numerosos [cuja subsistência frequentemente não é possível em campanha, por causa do grande número de soldados], *mas que são mantidos pelos príncipes durante a paz assim como durante a guerra*[b]; ao passo que na sua época, para infligir grandes golpes e realizar grandes empreitadas, bastava um punhado de pessoas, que[c] eram dispensadas assim que[d] a guerra estivesse acabada. Em vez daquelas roupas de ferro, daquelas lanças e daqueles mosquetes[e], [cujo uso conhecia], encontraria fardas próprias, fuzis e baionetas, métodos novos de fazer guerra[f], [uma infinidade de invenções mortíferas para o ataque e a defesa das praças-fortes] e[g] a arte de garantir a subsistência das tropas, tão necessária [atualmente] quanto [podia ser outrora] a arte de combater o inimigo.

Mas o que diria o próprio Maquiavel se pudesse ver a nova forma do corpo político da Europa, tantos grandes príncipes que atualmente figuram no mundo e que não tinham importância nenhuma então, o poder régio solidamente estabelecido, a maneira de negociar dos soberanos, [os espiões privilegiados mantidos mutuamente em todas as

....

55. Felizmente Voltaire eliminou esse trecho supérfluo; não que as ideias nele contidas lhe fossem estranhas (o *Ensaio sobre os costumes* constituirá um longo comentário a respeito), mas é artificial demais introduzir tais noções de ciência geral num capítulo que trata do valor dos exércitos e das fortalezas.

a. tropas.

b. mantidos na paz e na guerra.

c. e as tropas.

d. depois que a guerra.

e. arcabuzes de mecha.

f. de acampar, assediar e travar batalha.

g. e sobretudo.

Frederico II

cortes[56], e o equilíbrio estabelecido na Europa pela aliança de alguns príncipes consideráveis para opor-se aos ambiciosos, [que subsiste pela sabedoria, que mantém a igualdade], e cujo único objetivo é o sossego do mundo!

Todas essas coisas produziram uma mudança tão geral e universal, que tornam inaplicável [e inútil] à nossa política moderna a maioria das máximas de Maquiavel. É principalmente o que mostra este capítulo. Devo dar alguns exemplos.

Maquiavel pressupõe "que um príncipe cujo país é extenso e, com isso, tem muito dinheiro e tropas, pode sustentar-se por suas próprias forças, sem a ajuda de nenhum aliado, contra os ataques de seus inimigos".

É o que eu ouso [modestamente] contradizer; digo até mais e adianto que um príncipe, por mais temível[h] que seja, não poderia resistir sozinho a inimigos poderosos e precisa necessariamente do socorro de algum aliado[i]. Se [o maior], o mais temível, o mais poderoso príncipe da Europa, se Luís XIV esteve a ponto de sucumbir na guerra da sucessão da Espanha e, por falta de aliança[j], quase não pôde resistir à liga [temível] de uma infinidade de reis[k] e príncipes, que pensou[l] esmagá-lo, com muito mais razão qualquer soberano inferior a ele não pode, sem grande risco, permanecer isolado e sem boas e[m] fortes alianças.

Costuma-se dizer, o que se repete sem muita reflexão, que os tratados são inúteis, pois quase nunca as suas cláu-

....

56. Voltaire elimina por prudência este trecho de frase cuja franqueza realista era um pouco rude. Cabe notar a precisão judiciosa de todo esse desenvolvimento, com o qual Frederico, sem refutar o fundo do capítulo de Maquiavel, reduz o alcance de suas reflexões, limitando-as na história.

h. temido.
i. alguns aliados.
j. alianças.
k. de tantos reis.
l. prestes.
m. isolado e privado de.

_____O anti-Maquiavel_____

sulas são cumpridas, e que somos menos[n] escrupulosos [a respeito] em nosso século do que em qualquer outro. Respondo a quem assim pense que não duvido absolutamente que eles encontrem exemplos antigos e até bem recentes de príncipes que não cumpriram exatamente os seus compromissos; no entanto, [que] é sempre muito vantajoso fazer tratados, [que] os aliados que angariamos serão, [se não outra coisa,] inimigos que teremos a menos, e [que,] se eles não forem de nenhuma ajuda, pelo menos estarão obrigados [sempre certamente] a observar[o] exata neutralidade.

Em seguida Maquiavel fala dos *principini*, daqueles soberanos em miniatura que, tendo pequenos Estados, não podem pôr nenhum exército em campo; e o autor enfatiza muito que eles devem fortificar sua capital, para nela se encerrar com suas tropas em caso[p] de guerra.

Os príncipes de que Maquiavel fala são propriamente apenas híbridos de soberanos e particulares; desempenham apenas o papel de [grandes senhores com seus serviçais[57]. O que poderíamos lhes aconselhar de melhor seria, parece-me, di-

....

n. não somos mais.

o. observar a neutralidade por pelo menos algum tempo.

p. em tempos.

57. Voltaire eliminou o fim desse capítulo e os dois capítulos seguintes, evidentemente considerados pouco vivazes e pouco dignos do tom da obra por alguns detalhes. Em seu lugar escreveu um resumo mais nobre e mais geral:

"[...] eles só desempenham o papel de soberano num pequeníssimo teatro. Se estão cercados de príncipes tão fracos quanto eles, têm razão de fortificar suas pequenas praças-fortes; dois bastiões e duzentos soldados são para eles e para seus vizinhos aquilo que verdadeiras fortalezas e cem mil homens são para grandes reis.

"Mas, se esses senhores estiverem na situação na qual estavam os barões da França ou da Inglaterra, se forem senhores do Império, creio que tropas e fortalezas poderão arruiná-los, e não engrandecê-los. O luxo da soberania é perigoso quando falta o poder da soberania; muitas vezes alguém arruína sua casa para manter grandeza excessiva; vários príncipes com apanágio tiveram essa triste experiência. Ter uma espécie de exército quando só se deve ter uma

minuir um pouco a ideia lisonjeira que têm de sua grandeza, a veneração extrema que têm pela sua antiga e ilustre raça e o inviolável zelo que têm por seus brasões. As pessoas sensatas dizem que eles fariam melhor se figurassem no mundo apenas como particulares abastados, se descessem de uma vez por todas das tamancas nas quais seu orgulho os põe, se mantivessem no máximo uma guarda suficiente para afugentar os ladrões de seus castelos, no caso de havê-los bastante famintos para lá buscarem subsistência, e se demolissem as fortificações, as muralhas e tudo o que possa conferir jeito de praça-forte à sua residência].

[Vejamos as razões para tanto: a maioria dos pequenos príncipes, sobretudo da Alemanha, arruína-se por causa dos gastos, excessivos em relação a seus rendimentos, nos quais incorrem por embriaguez com a vã grandeza; empobrecem-se para sustentar a honra de sua casa e, por vaidade, enveredam pelo caminho da miséria e do hospital; não há membro de uma linhagem de apanágio, até o seu benjamim, que não se imagine semelhante a Luís XIV: constrói seu Versalhes, dorme com sua Maintenon e mantém seus exércitos.]

[Há atualmente certo príncipe da Alemanha, com apanágio, pertencente a uma grande casa que, por um requinte de grandeza, mantém exatamente a seu serviço todos os corpos de tropas que compõem a casa do Rei, mas em versão tão diminuta, que é preciso um microscópio para ver cada um de seus corpos em particular; seu exército talvez fosse forte o suficiente para representar uma batalha no teatro de Verona; mas, além disso, que não lhe peçam mais[58]].

....

pequena guarda, manter uma guarda quando só é possível restringir-se a serviçais não é ambição, é vaidade, e essa vaidade conduz à indigência.

"Por que teriam eles praças-fortes? Não estão no caso de..."

58. Preuss acredita que Frederico esteja aí falando do duque de Saxe-Weimar, Ernesto Augusto, que mantinha um batalhão de 700 homens, um esquadrão de 180 mestres e uma companhia de cadetes a cavalo, quando só

[Eu disse, em segundo lugar, que os pequenos prínci-pes fazem mal em fortificar sua residência, e a razão disso é bem simples:] Não estão no caso de serem sitiados por seus semelhantes, porque os vizinhos mais poderosos tratam primeiro de suas próprias questões e lhes oferecem mediação, o que não lhes compete recusar; assim, em vez de derramar sangue, duas penadas acabam com seus pequenos litígios.

[Portanto], de que lhes serviriam as fortalezas? Ainda que contra seus pequenos inimigos eles tivessem condição de sustentar um assédio que durasse tanto quanto o de Troia, não conseguiriam sustentar um como o de Jericó diante dos exércitos [de um rei ou] de um monarca poderoso. Aliás, se houver grandes guerras nas suas vizinhanças, não dependerá deles ficar neutros, ou ficarão totalmente arruinados; e, se abraçarem a facção de uma das potências belicosas[q], sua capital se tornará o palco de guerra desse príncipe[59].

[Vitor Amadeu, que tinha um poder infinitamente superior à ordem dos príncipes dos quais acabamos de falar, em todas as guerras da Itália sofreu grandes prejuízos em suas

....
tinha 400.000 escudos de renda. Frederico vira essas tropas em 1730, no campo de Mühlberg. O raciocínio de Frederico não deixa de ter verossimilhança; mas ele não leva em conta o Império no seio do qual todos aqueles príncipes minúsculos podiam agrupar-se, dando assim certo sentido a suas despesas militares. A bem da verdade, era uma fórmula que sobrevivia; mas é bem perceptível que Frederico está interessado no seu desaparecimento, e essa diatribe não deixa de ter certo maquiavelismo; sua palavra de ordem logo será: destruir a Alemanha para fazer a Prússia.

q. beligerantes.

59. Em todas essas considerações percebe-se a pretensão do príncipe poderoso de regrar os assuntos dos príncipes mais fracos e de imiscuir-se de pleno direito na independência deles. O mínimo que se pode dizer é que a refutação a Maquiavel dessa vez sai do terreno da justiça e evolui para o dos interesses maiores. Por certo ganha penetração e sinceridade. Esse capítulo é um daqueles em que o estilo de Frederico soube trocar da melhor maneira a ênfase pela sátira e até pela espirituosidade.

fortalezas; Turim passou até mesmo por um fluxo e refluxo de dominação, ora francesa, ora imperial.]

[A vantagem das cidades abertas é que em tempo de guerra ninguém se preocupa com elas, são vistas como inúteis e, assim, sua posse continua tranquilamente nas mãos daqueles a quem elas pertencem.]

A ideia que Maquiavel nos dá das cidades imperiais da Alemanha é muito diferente daquilo que elas são atualmente; bastaria um petardo e, na falta deste[r], uma ordem do Imperador para tornar-se senhor daquelas cidades. Todas elas são mal fortificadas, a maioria com antigas muralhas flanqueadas em alguns lugares por espessas torres e cercadas por fossos quase totalmente assoreados pelos deslizamentos de terra. Têm poucas tropas, e as que mantêm são indisciplinadas; seus oficiais são formados [pelo rebotalho da Alemanha, ou] por homens velhos que já não estão em condições[s] de servir. Algumas daquelas cidades imperiais têm uma artilharia até boa; mas isso não bastaria para opor-se ao imperador, que com bastante frequência tem o costume de fazê-las sentir a sua inferioridade[t].

Em suma, travar guerra, lutar em batalhas, atacar ou defender fortalezas é assunto unicamente para os grandes príncipes; e quem quiser imitá-los sem ter poder para tanto *cai no ridículo de Domiciano*, que arremedava o barulho do trovão *e acreditava com isso convencer o povo romano de que ele era Júpiter*[60].

....

r. disso.

s. velhos fora de forma.

t. a sua fraqueza.

60. Correção: "assemelham-se àquele que imitava o ruído do trovão, acreditando ser Júpiter". Voltaire eliminou o nome Domiciano, que era um erro; mas sem restabelecer o nome correto. Trata-se de Salmoneu, rei de Élida, que mandara construir uma ponte de bronze e nela precipitava seu carro, brandindo tochas iluminadas, para imitar o raio. A fábula conta que ele foi fulminado e posto no tártaro ao lado de Sísifo.

CAPÍTULO XI

[[61]Sempre achei muito estranho aqueles que se dizem sucessores dos apóstolos – e digo isso sobre alguns mendicantes, pregadores da humildade e do arrependimento – possuírem grandes bens, serem requintados no luxo e ocuparem postos mais aptos a satisfazer a vaidade do século e a ostentação dos grandes do que a ocupar homens que devem meditar sobre o nada da vida humana e a obra de sua salvação. No entanto, percebe-se que o clero da Igreja romana é poderoso e rico, que vários bispos ocupam a posição de príncipes soberanos, e que o poder temporal e espiritual do primeiro bispo dos cristãos o torna de algum modo árbitro dos reis e a quarta pessoa da Divindade.]

[Os eclesiásticos ou os teólogos distinguem com mais escrúpulos que qualquer outra pessoa os atributos da alma e os do corpo; mas é no que tange à sua ambição que deveríamos retrucar a seus argumentos. Poderíamos dizer:

....
61. Este capítulo foi muitíssimo remanejado por Voltaire. Os cinco primeiros parágrafos, que em Frederico são sobretudo satíricos, transformaram-se em considerações históricas:

"Quase não vejo na Antiguidade sacerdotes que se tenham tornado soberanos. Parece-me que de todos os povos nos quais restou algum pequeno conhecimento, só os judeus tiveram uma série de pontífices despóticos; mas em todos os outros lugares parece-me que os chefes da religião só cuidavam de suas funções. Faziam sacrifícios, recebiam um salário, tinham prerrogativas; mas raramente ensinavam e jamais governavam: e acredito que, por não terem dogmas que pudessem dividir os povos nem autoridade da qual pudessem abusar, nunca houve entre os Antigos guerra de religião.

"Quando a Europa, na decadência do Império romano, se transformou numa anarquia de bárbaros, tudo foi dividido em pequeníssimas soberanias; muitos bispos se tornaram príncipes, e foi o bispo de Roma que deu o exemplo. Tem-se a impressão de que, sob esses governos eclesiásticos, os povos deveriam viver felizes, pois príncipes eletivos, cujos estados são muito limitados, tais como os eclesiásticos, devem poupar seus súditos, se não por religião, pelo menos por política.

"No entanto, é indubitável..."

vós, cuja vocação restringe os deveres de vosso ministério ao âmbito espiritual, como o confundistes tão grosseiramente com o temporal? Vós, que empregais tão sutilmente o *distinguo* quando se trata do espírito – que não conheceis – e da matéria – que conheceis pouquíssimo –, por que rejeitais essas distinções quando se trata de vossos interesses? É que esses senhores se preocupam pouco com o jargão ininteligível que falam e muito com os polpudos rendimentos que obtêm. É porque o modo como raciocinam deve conformar-se à ortodoxia, assim como seu modo de agir, às paixões pelas quais são animados, e os objetos palpáveis da natureza sobrepujam o intelectual, assim como a felicidade real desta vida sobrepuja a felicidade ideal do outro mundo.]

[Esse espantoso poder dos eclesiásticos é assunto desse capítulo, assim como tudo o que diz respeito a seu governo temporal.]

[Maquiavel acha que os príncipes eclesiásticos são muito felizes, pois não precisam temer os motins de seus súditos nem a ambição de seus vizinhos; o nome respeitável e imponente da Divindade os põe a salvo de tudo aquilo que poderia se opor a seu interesse e à sua grandeza; os príncipes que pudessem atacá-lo temem o destino dos Titãs, e os povos que lhe desobedecessem temem o destino dos sacrílegos. A devota política dessa espécie de soberanos empenha-se em convencer o mundo daquilo que Despréaux expressa tão bem no seguinte verso:

Quem não ama Cotin* não ama Deus e o Rei.]

[O que há de estranho nisso é que os príncipes encontram num número razoável de tolos, cuja credulidade é baseada na boa-fé, que aderem sem maior exame àquilo que os eclesiásticos consideram conveniente levá-los a crer.]

....
* Abade Cotin (1604-1682), pregador e capelão do rei.

O anti-Maquiavel

No entanto, é indubitável que nenhum país tem mais mendigos do que os dos padres[a]; é aí que podemos ver um quadro [tocante] de todas as misérias humanas, não daqueles pobres que a liberalidade e as esmolas dos soberanos atraem, daqueles insetos que se ligam aos ricos e rastejam atrás da opulência, mas daqueles [mendigos] famélicos [que a caridade de seus bispos priva do necessário, para prevenir a corrupção e os abusos que o povo tem o costume de praticar com a superfluidade[62].]

....

a. eclesiásticos.

62. Também aí Voltaire remaneja profundamente o longo trecho (esse fim de parágrafo e os quatro parágrafos seguintes). Vejamos sua versão:

"... mas aqueles famélicos, privados do necessário e dos meios de obtê-lo. Parece que os povos desses países vivem sob as leis de Esparta que proibiam o ouro e a prata; praticamente só os seus soberanos são exceção à lei.

"A razão geral disso é que, chegando tarde ao governo, tendo poucos anos para gozar e herdeiros para enriquecer, eles raramente têm vontade e nunca têm tempo de executar ações demoradas e úteis. Os grandes estabelecimentos, o comércio, tudo o que exige inícios lentos e penosos só são feitos para eles; veem-se como passageiros recebidos numa casa emprestada. Seu trono lhes é estranho, eles não o receberam de seus pais, não o deixam para a sua posteridade. Não podem ter os sentimentos de um rei, pai de família, que trabalha pelos seus, nem de um republicano que sacrifica tudo pela pátria; ou, se algum deles pensa como pai do povo, morre antes de inseminar o campo que seus predecessores deixaram cobrir de sarças e espinheiros.

"Por isso durante muito tempo se murmurou contra alguns soberanos eclesiásticos, que com a substância dos povos engordavam amantes, sobrinhos ou filhos bastardos.

"A história dos chefes da Igreja só deveria apresentar monumentos de virtude. Sabe-se o que lá se encontra, sabe-se como aquilo que deveria ser tão puro foi às vezes corrompido.

"Aqueles que refletem pouco se surpreendem com o fato de os povos terem sofrido com tanta paciência a opressão dessa espécie de soberano; de terem suportado de uma fronte prosternada sobre o altar aquilo que não suportariam de uma fronte coroada de louros.

"Maquiavel atribuirá essa docilidade do povo à grande habilidade desses senhores que eram ao mesmo tempo sábios e malvados; quanto a mim, acredito que a religião contribuiu muito para manter os povos sob o jugo. Um mau papa era odiado, mas seu caráter era reverenciado; o respeito votado ao posto

Frederico II

[Decerto é nas leis de Esparta, onde era proibido o dinheiro, que se baseiam os princípios desses governos eclesiásticos, com a diferença de que os prelados se reservam o uso dos bens dos quais despojam devotamente seus súditos. Dizem eles: bem-aventurados os pobres, pois herdarão o reino dos céus! E, como querem que todos se salvem, têm o cuidado de tornar a todos indigentes. Ó piedade eclesiástica, até onde vai a tua sábia previdência!]

[Nada deveria ser mais edificante que a história dos chefes da Igreja, ou dos vigários de Jesus Cristo; todos estão convencidos de encontrar neles os exemplos de costumes irrepreensíveis e santos; no entanto, é o contrário: nada mais há senão obscenidades, abominações e fontes de escândalo; e não é possível ler a vida dos papas sem detestar suas crueldades e suas perfídias.]

[Nela se vê a ambição deles de aumentar o poder temporal e a grandeza; sua cobiça sórdida na transferência de grandes bens, com pretextos injustos e desonestos, para suas famílias, a fim de enriquecer sobrinhos, amantes ou filhos bastardos.]

Quem reflete pouco _acha estranho_ que os povos suportem com tanta [docilidade e] paciência a opressão dessa espécie de soberano, [que não abram os olhos para os vícios e os excessos dos eclesiásticos que os degradam, e que tolerem de uma fronte tonsurada aquilo que não suportariam de uma fronte coroada de louros. Esse fenômeno pa-

....
estendia-se à pessoa. Acudiu mil vezes à mente dos novos romanos mudar de senhor; mas ele trazia nas mãos uma arma sagrada que os detinha. Às vezes houve revoltas contra os papas; mas nunca houve em Roma, submetida à tiara, a centésima parte das revoluções da Roma pagã; a tal ponto podem mudar os costumes dos homens!

"O autor observa..."

Esse texto remanejado por Voltaire tem a mesma intenção do texto de Frederico; mas o tom é menos vivaz, e as razões alegadas são mais sólidas ou circunstanciadas.

rece menos estranho àqueles que conhecem o poder da superstição sobre os idiotas, e do fanatismo sobre o espírito humano; sabem que a religião é uma antiga máquina que nunca se desgastará, da qual sempre se lançou mão em todos os tempos para garantir a fidelidade dos povos e para pôr um freio à indocilidade da razão humana; sabem que o erro pode tornar cegos os homens mais sagazes, e que não há nada de mais triunfante que a política daqueles que põem em ação o céu e o inferno, Deus e os demônios, para atingir seus objetivos. Tanto é verdade que a verdadeira religião, a fonte mais pura de todos os bens, muitas vezes, em virtude de um abuso deplorável, torna-se origem e princípio de todos os nossos males.]

O autor observa [judiciosamente] aquilo que contribuiu mais para a elevação da Santa Sé. Atribui sua razão principal à hábil conduta de Alexandre VI, pontífice que levou ao extremo a crueldade e a ambição, que não conhecia outra justiça senão a perfídia[b]. [Portanto, não se deve confundir sem alguma espécie de blasfêmia o edifício da ambição desse pontífice com a obra da Divindade. O céu, portanto, não podia participar diretamente da ascensão dessa grandeza temporal, que nada mais é que a obra de um homem muito mau e depravado; assim, o melhor que devemos fazer é distinguir sempre com cuidado nos eclesiásticos, seja qual for a posição que ocupem, o intermediário da palavra de Deus, que anuncia as ordens divinas, do homem corrompido que só pensa em satisfazer suas paixões[63].]

O elogio a Leão X conclui esse capítulo; [mas esse elogio não tem quase peso, pois Maquiavel era contemporâneo daquele papa. Todo elogio de um súdito ao seu se-

....

b. se não o seu interesse.
63. Esse trecho foi remanejado da seguinte maneira por Voltaire: "Ora, se é verdade que um dos homens mais malvados que já usaram a tiara é aquele que mais consolidou o poder papal, o que se deve naturalmente concluir daí?"

nhor ou de um autor a um príncipe, seja lá o que se diga, parece aproximar-se muito da lisonja. Nosso destino, enquanto existimos, só deve ser decidido pela posteridade, que julga sem paixões e sem interesse. Maquiavel devia cometer o erro da lisonja menos que qualquer outro, pois ele não era um juiz competente do verdadeiro mérito, visto não saber nem mesmo o que é virtude; e não sei se teria sido mais vantajoso ser louvado ou ser criticado por ele. Deixo ao leitor a tarefa de responder a essa pergunta; a ele cabe julgar[64].

CAPÍTULO XII

Tudo é variado no universo: [a fecundidade da natureza se compraz em manifestar-se por produções que, apesar de pertencerem a um mesmo gênero, são diferentes umas das outras; isso se vê não só nas plantas, nos animais, nas paisagens, nos traços fisionômicos, no colorido, na aparência e na constituição dos homens, mas essa operação da natureza é tão universal, tão geral, que se estende até mesmo ao temperamento dos impérios e das monarquias, se me for permitido expressar-me assim[65].] Entendo, em geral, por temperamento de um império[a] sua extensão, o número dos povos que o habitam[b], [sua situação perante os vizinhos e]

....

64. Remanejamento de todo esse trecho: "Ele tinha talentos, mas não sei se tinha virtudes: suas devassidões, sua irreligião, sua má-fé, seus caprichos são bem conhecidos. Maquiavel não o louva exatamente por essas qualidades; mas corteja-o, e tais príncipes mereciam tais cortejadores. Maquiavel louva Leão X e recusa elogios a Luís XII, pai de seu povo."

65. Trecho condensado por Voltaire: "Os temperamentos dos homens são diferentes, e a natureza estabelece a mesma variedade, se ouso expressar-me assim, nos temperamentos dos Estados."

a. Estado.

b. o número, o gênio de seus povos.

seu comércio, costumes, leis, pontos fortes e fracos, riquezas e recursos.

Essa diferença de governo é muito perceptível, [e] é
infinita quando decidimos descer aos detalhes. Assim como
os médicos não têm nenhum segredo, [nenhuma panaceia]
para curar[c] todas as doenças, [nenhum remédio que conve-
nha] a todas as compleições, também os políticos [mais experientes e hábeis] não saberiam prescrever regras gerais
[de política] cuja aplicação servisse a todas as formas de
governo [e a cada país em particular].

Essa reflexão me conduz [naturalmente] a examinar o
pensamento de Maquiavel sobre as tropas estrangeiras e
mercenárias. O autor rejeita inteiramente seu uso, baseado
em exemplos com os quais pretende provar que essas tropas foram *mais prejudiciais aos Estados que se valeram delas do que foram úteis*[66].

Não há dúvida – e a experiência mostra – de que, em
geral, as melhores tropas de um Estado [qualquer] são as
nacionais. Esse pensamento poderia ser respaldado por
exemplos da valorosa resistência de Leônidas nas Termópi-
las, [pela inferioridade que os lacedemônios tiveram diante
dos outros gregos quando seus escravos combatiam por eles
e pelos impressionantes progressos do Império Romano
quando suas legiões eram compostas apenas de cidadãos
de Roma. Foram os nacionais, e não os estrangeiros, que
submeteram o mundo inteiro à dominação daquela soberba
e altiva república[67]. Essa máxima de Maquiavel, portanto,
pode convir a todos os povos[d] bastante ricos em habitantes
para poderem fornecer um número suficiente de soldados

....
    c. que convenha a.

    66. Correção: "mais perigosas que úteis aos Estados que se valeram delas".

    67. Trecho substituído pelo seguinte fragmento de frase: "... e sobretudo
por aqueles impressionantes progressos do Império Romano e dos árabes".

    d. países.

Frederico II

[para defendê-los]. Estou convencido, tal como o autor, de que *um império é mal servido por mercenários, e de que a fidelidade e a coragem de soldados que tenham propriedades no país os superam em muito*[68]. É principalmente perigoso deixar que os súditos se afrouxem na inação [e sejam efeminados pela moleza], nos tempos em que as fadigas da guerra e os combates tornam seus vizinhos aguerridos.

Já foi observado várias vezes que os Estados recém-saídos das guerras civis foram infinitamente[e] superiores a seus inimigos, porque[f] todos são soldados numa guerra civil, [o mérito se distingue independentemente do favor, e os homens são animais de costume, nos quais o hábito decide tudo[69]].

[No entanto, há casos que parecem exigir exceção a essa regra. Se os reinos ou impérios não produzirem o número de homens necessário aos exércitos e que é consumido pela guerra, a necessidade os obrigará a recorrer aos mercenários, como único meio de suprir a carência do Estado[70].]

Encontram-se então expedientes que *resolvem a maioria das dificuldades e – o que Maquiavel acha*[g] vicioso nessa espécie de milícia – ela é cuidadosamente misturada aos nacionais, para impedi-la de formar um bando à parte, *para habi-*

....

68. Correção: "... que um Estado está mal servido por mercenários, e que os compatriotas sentem que sua coragem se multiplica graças aos elos que os vinculam".

e. muito.

f. pois.

69. Voltaire desenvolve o fim desse parágrafo: "Nela o gênio se distingue independentemente do favor, e quem merecer e quiser desempenhar algum papel, conseguirá. Formam-se homens de todo tipo, e esses homens reanimam a nação; maneira triste, mas segura, de tornar-se aguerrido! Um rei prudente mantém de outro modo o espírito guerreiro de seu povo, ora socorrendo seus aliados, ora com marchas e revistas frequentes."

70. Remanejamento desse parágrafo: "Só num Estado ameaçado e quase despovoado deve-se contratar tropas estrangeiras a soldo."

g. corrigem o que há.

O anti-Maquiavel

tuá-la à mesma ordem[h], à mesma disciplina e[i] à mesma fidelidade; e o principal é prestar atenção para que o número de estrangeiros não exceda[j] o número dos nacionais.

Há um rei do Norte cujo Exército é composto dessa espécie de mistura e que nem por isso é menos poderoso[k] e temível[71]. A maioria das tropas europeias é constituída por nacionais e mercenários; os que cultivam as terras, moram nas cidades, por meio de certa taxa que pagam para a manutenção das tropas que devem defendê-los, não vão para a guerra. A soldadesca é composta da parte mais baixa do povo, preguiçosos que preferem a ociosidade ao trabalho, libertinos que procuram a devassidão e a impunidade nas tropas, [homens que não têm docilidade e obediência diante dos pais], jovens desajuizados[l] que se alistam por libertinagem[m], e, [servindo apenas por leviandade,] têm tão pouca inclinação e apego ao seu senhor quanto os estrangeiros. Como essas tropas são diferentes daqueles romanos que conquistaram o mundo! Essas deserções tão frequentes atualmente em todos os exércitos eram coisa desconhecida entre os romanos; aqueles homens que combatiam pelas próprias famílias, por seus penates, [pela burguesia romana,] e por tudo o que tinham de mais caro na vida, não pensavam em trair tantos interesses ao mesmo tempo com uma covarde deserção.

O que constitui a segurança dos grandes príncipes da Europa é que suas tropas são mais ou menos todas pareci-

....

h. elas são moldadas.

i. aos poucos lhe é inspirada.

j. Não se aproxime do.

k. nem menos.

71. Trata-se do próprio rei da Prússia. Segundo Frederico (_História de meu tempo_, capítulo I), em 1740 a Prússia tinha um exército de 76 mil homens, dos quais 26 mil estrangeiros.

l. desajuizados, indóceis aos pais.

m. por leviandade.

das, e nesse sentido nenhum tem vantagem sobre o outro. Apenas as tropas suecas são constituídas por burgueses, camponeses e soldados ao mesmo tempo[72]; mas, quando vão para a guerra, ninguém[n] fica no interior do país para lavrar a terra. Assim [seu poderio não é em absoluto temível, pois] eles não têm nenhum poder que dure[o] sem que fiquem mais arruinados que os próprios inimigos.

Isso no que se refere aos mercenários. Quanto à maneira com que um grande príncipe deve fazer guerra, concordo inteiramente com o pensamento de Maquiavel. De fato, *o que impede um grande príncipe de assumir o comando de suas tropas e de presidir no exército como em sua residência*[73]! Interesse, dever, glória, tudo o leva a fazê-lo. Assim como é chefe da justiça distributiva, ele também é [protetor e] defensor de seus povos; *e deve ver a defesa de seus súditos como*[p] um dos objetivos mais importantes de seu ministério, razão pela qual só ele mesmo pode assumir esse encargo. [Seu interesse parece exigir necessariamente que esteja pessoalmente no exército, pois todas as ordens emanam de sua pessoa, e assim a deliberação e a execução se seguem com extrema rapidez.] A[q] presença [augusta do príncipe], aliás, põe fim à desinteligência dos generais, tão funesta para os exércitos e tão prejudicial aos interesses do senhor; também põe mais ordem no que se refere a paióis, munições e provisões de guerra, sem as quais um César, à testa de 100 mil combatentes, nunca fará nada [grande nem heroico; e] como é o príncipe que determina que se travem

....

72. Segundo Frederico (*ibid.*), os suecos tinham 7 mil homens de tropas regulares e 33 mil homens de milícia.

n. quase ninguém.

o. duradouro.

73. Correção "Um grande príncipe deve assumir o comando de suas tropas. Seu exército é sua residência."

p. é.

q. sua.

O anti-Maquiavel

batalhas, parece que também caberia a ele dirigir sua execução e com sua presença transmitir espírito de bravura e segurança às tropas; [cabe a ele mostrar como a vitória é inseparável de seus desígnios e como a fortuna está encadeada por sua prudência, dando um ilustre exemplo de como é preciso desprezar os riscos, os perigos e a própria morte, quando isso é exigido pelo dever, pela honra e por uma reputação imortal[74].]

[Quanta glória está ligada à habilidade, à sabedoria e ao valor de um príncipe, quando ele defende seus Estados da incursão de seus inimigos, quando triunfa pela coragem e destreza contra as investidas violentas de seus adversários, e quando garante pela firmeza, pela prudência e pelas virtudes militares os direitos que lhe queiram contestar com injustiça e usurpação!]

[Todas essas razões reunidas, parece-me, devem obrigar os príncipes a encarregar-se pessoalmente do comando de suas tropas e a compartilhar com os súditos todos os riscos e perigos a que eles se expõem.]

Mas – haverá quem diga – nem todos são soldados, e muitos príncipes não têm o espírito e a experiência necessária para comandar um exército. Isso é verdade, admito; [no entanto, essa objeção não deve me embaraçar muito; pois] sempre se encontram[r] generais entendidos no exército, e ao príncipe só cabe seguir seus conselhos; a guerra sempre será mais bem travada quando o general estiver sob a tutela do ministério, que, se não estiver no exército, estará sem condições de julgar as coisas e, frequentemente, deixa o mais hábil general sem condições de imprimir as marcas de sua capacidade[75].

....
74. Resumo: "ele está à testa dos exércitos apenas para lhes dar o exemplo".
r. acaso não se encontram.

75. Cabe observar que, se não houvesse a crítica pormenorizada que se segue, todo esse capítulo mostraria um acordo perfeito entre Maquiavel e Fre-

Terminarei este capítulo depois de ressaltar uma frase de Maquiavel que me pareceu muito singular. Diz ele: "os venezianos, desconfiando do duque de Carmagnola, que comandava suas tropas, foram obrigados a fazê-lo sair do mundo".

Confesso que não entendo o que é ser obrigado a fazer alguém sair do mundo, a não ser que se trate de [traí-lo], envenená-lo, assassiná-lo, [em suma, mandar matá-lo]. É assim que esse doutor da canalhice[s] acredita tornar as ações mais negras e censuráveis inocentes[t], adoçando os termos.

Os gregos tinham o costume de usar perífrases quando falavam da morte, pois não podiam afirmar sem algum secreto horror tudo o que o transpasse tem de assustador; e Maquiavel usa perífrase para os crimes, pois[u] seu coração, revoltado contra seu espírito, não conseguiria digerir crua toda a execrável moral que ensina.

[Que triste situação quando se tem vergonha de mostrar aos outros aquilo que se é e quando se foge no momento de fazer um autoexame!]

CAPÍTULO XIII

De todos os filósofos da Antiguidade, os mais sábios, judiciosos e modestos eram sem dúvida os da nova Academia; circunspectos em suas decisões, eles nunca se precipitavam para negar ou afirmar alguma coisa e não deixavam

....

derico. Este, de fato, foi tocado no ponto sensível, o exército; e no último parágrafo tem-se já a impressão de ver o próximo conquistador da Silésia fazer sua profissão de fé em matéria militar. Na citação do parágrafo seguinte, Frederico usa a tradução de Amelot, que edulcora Maquiavel. Sua crítica já não tem razão de ser, em se tratando do texto autêntico.

s. do crime.

t. tornar inocentes as ações...

u. porque.

que suas escolhas fossem arrastadas pelo erro da presunção nem pelo ardor de seu temperamento.]

[Seria desejável que Maquiavel tivesse tirado proveito da moderação daqueles filósofos, e que não se tivesse entregado às impetuosidades de sua imaginação, que tantas vezes desviaram do caminho da razão e do bom-senso.]

Maquiavel leva a hipérbole a um ponto extremo, ao afirmar que um príncipe prudente preferiria perecer com suas próprias tropas a viver com socorros estrangeiros. [Não é possível levar a extravagância mais longe, e afirmo que, desde que este mundo é mundo, nunca se disse absurdo maior do que quando se disse que *O Príncipe* de Maquiavel é um bom livro.]

[Uma frase tão temerária quanto essa do autor só pode atrair crítica sobre ele; é tão pouco adequada à política quanto à experiência. Que soberano não preferiria a conservação à ruína para seus Estados, independentemente dos meios e das pessoas a que ele pudesse tornar-se devedor?]

Acredito que um homem que esteja em perigo de afogar-se não daria atenção aos discursos daqueles que lhe dissessem que seria indigno dever a vida a outros, e não só a si mesmo, e que [,assim,] ele deveria preferir morrer a agarrar a corda [ou o pedaço de pau] que outros lhe estendessem[a] para salvá-lo. [A experiência nos mostra que a primeira preocupação dos homens é a conservação, e a segunda, o bem-estar; isso destrói inteiramente o paralogismo enfático do autor.]

Aprofundando-se essa máxima de Maquiavel, percebe-se[b] que se trata apenas de um ciúme disfarçado que [esse infame corruptor][c] se esforça por inspirar nos príncipes; [no entanto, o ciúme que os príncipes têm dos generais ou dos auxiliares que venham ajudá-lo e que eles não gostariam de

....
a. que lhe é estendido.
b. talvez se venha a perceber.
c. ele.

esperar, medo de dividir a glória, foi o que em todos os tempos prejudicou seus próprios interesses. Uma infinidade de batalhas foi perdida por essa razão, e pequenos ciúmes muitas vezes prejudicaram mais os príncipes do que o número superior de soldados e as vantagens dos inimigos[76].]

[A inveja é um dos vícios mais nocivos à sociedade, e sua consequência é bem diferente quando presente nos príncipes e quando nos particulares. Um Estado governado por um príncipe que tenha inveja de seus súditos só produzirá cidadãos tímidos, em vez de homens hábeis e capazes de grandes ações. Os príncipes invejosos abafam como que no nascedouro os gênios que o céu parece ter formado para ilustres iniciativas; daí decorre a decadência dos impérios e, por fim, sua queda total. O império do Oriente deveu sua perdição tanto ao ciúme que os imperadores tinham dos felizes sucessos de seus generais quanto do pedantismo religioso dos últimos príncipes que nele reinaram; em vez de recompensar os hábeis generais, esses eram punidos por seus sucessos, e os capitães pouco experientes aceleravam a ruína do Estado. Portanto, aquele império não podia deixar de perecer.]

[O primeiro sentimento que um príncipe deve ter é de amor à pátria, e a única vontade que lhe convém é fazer algo de útil e grandioso para o bem do Estado. É a isso que ele deve sacrificar seu amor-próprio e todas as suas paixões, bem como aproveitar todas as opiniões, todas as ajudas e todos os grandes homens que encontrar, em suma, tudo o que for capaz de contribuir para a execução de suas boas intenções pela felicidade de seus súditos[77].]

....
76. Remanejamento desse trecho: "Quer que eles desconfiem dos súditos e, com mais razão, dos seus generais e das tropas auxiliares. Essa desconfiança com muita frequência foi bem funesta, e mais de um príncipe perdeu batalhas por não ter desejado compartilhar a glória com aliados."

77. Voltaire substitui esses dois parágrafos pelo seguinte trecho: "Um príncipe por certo não deve fazer guerra unicamente com tropas auxiliares;

O anti-Maquiavel

As potências que podem prescindir de tropas mistas ou auxiliares fazem bem em excluí-las de seus exércitos; mas, como poucos príncipes da Europa estão nessa situação, acredito que nada arriscam com tropas auxiliares, desde que o número dos nacionais lhes seja superior.

Maquiavel escrevia apenas para pequenos príncipes[78]. [Sua obra só é composta de conceitos políticos; quase não há lugar no qual o autor não possa ser contestado pela experiência. Eu poderia aduzir uma infinidade de exemplos de exércitos compostos de auxiliares que foram bem-sucedidos, e de príncipes que se saíram bem com seus serviços.]

[As guerras de Brabante, do Reno e da Itália, nas quais o Imperador, reunido com o Império, a Inglaterra e a Holanda, ganhava batalhas sobre os franceses, expulsava-os da Alemanha e da Itália e os desbaratava em Flandres, aquelas guerras só foram feitas com tropas auxiliares.] A investida por meio da qual três reis do Norte despojaram Carlos XII de parte de seus Estados na Alemanha foi executada[d] de modo semelhante com tropas de diferentes senhores reunidas por alianças; e [n]a guerra de 1734, que a França começou [a pretexto de defender os direitos daquele rei da Polônia sempre eleito e sempre destronado,] os franceses[e] unidos

....

mas deve ser ele mesmo auxiliar e pôr-se em condições de dar a mesma ajuda que recebe. É isso o que dita a prudência: Põe-te em condições de não temer os inimigos nem os amigos; mas, quando se firma um tratado, é preciso ser fiel a ele. Enquanto o Império, a Inglaterra e a Holanda se mantiveram aliados contra Luís XIV, enquanto o príncipe Eugênio e Marlborough estiveram bem unidos, foram vencedores. A Inglaterra abandonou os aliados, e Luís XIV soergueu-se imediatamente."

78. Correção na sequência do parágrafo: "... e confesso que nele não vejo muito mais que pequenas ideias; nada de grande nem verdadeiro, porque ele não é decente. Quem só faz a guerra graças aos outros é fraco; quem a faz em conjunto com os outros é fortíssimo".

d. foi executada.

e. foi travada por franceses e espanhóis.

Frederico II

aos saboianos [fizeram a conquista da região de Milão e da maior parte da Lombardia].

O que resta a Maquiavel depois de tantos exemplos e a que se reduz a alegoria [por mais engenhosa que seja] das armas de Saul que Davi recusou por serem pesadas, quando precisava combater Golias? *Não passam de fumaça*[79]. Admito que os auxiliares às vezes incomodam os príncipes; mas pergunto se não nos incomodamos com prazer quando ganhamos cidades e províncias.

Quando trata desses auxiliares, Maquiavel destila veneno contra os suíços[f] a serviço da França; [devo dizer umas palavrinhas sobre aquelas bravas tropas, pois] é indubitável que os franceses ganharam várias batalhas com a ajuda deles, [que eles prestaram serviços assinalados àquele império] e que, se a França dispensasse os suíços e os alemães que servem em sua infantaria, seus exércitos *seriam muito menos temíveis do que são atualmente*[g].

Isso no que se refere aos erros de julgamento; passemos agora aos de moral[80]. Os maus exemplos que Maquiavel propõe aos príncipes são maldades *que não poderíamos*

....

79. Correção: "Comparação não é prova."

f. fala dos suíços.

g. ficariam enfraquecidos.

80. Já encontramos uma transição desse tipo (ver capítulo V, nota 24). Frederico está consciente do caráter duplo de sua refutação: ela é ao mesmo tempo moral e realista. Todo o início do capítulo é dominado pelo realismo: fatos históricos posteriores a Maquiavel parecem provar a utilidade das tropas auxiliares e das alianças. No entanto, há aí certo deslocamento da questão: Frederico toma exemplos nos quais os auxiliares têm mais ou menos o mesmo interesse daqueles que eles ajudam, e tais alianças apresentam um verdadeiro equilíbrio; Maquiavel pensa principalmente nos auxiliares quase mercenários que vêm oferecer serviços a príncipes em dificuldade, com o risco de se interessarem demais pela nova causa, apropriando-se do Estado que defenderam. Frederico, portanto, não refuta a tese bem precisa de Maquiavel, mas terá razão se ampliarmos a questão e não nos restringirmos às condições históricas limitadas que constituem a atmosfera do *Príncipe*.

deixar passar em branco[81]. Ele aduz [nesse capítulo] Híeron [de Siracusa], que, considerando suas tropas[h] tão perigosas ficando ou sendo dispensadas, mandou estraçalhá-las. [Fatos semelhantes revoltam quando encontrados na história; mas nos sentimos indignados quando os vemos relatados num livro que deve destinar-se à instrução dos príncipes[82].]

[A crueldade e a barbárie frequentemente são fatais para os particulares e assim a maioria deles se horroriza; mas os príncipes, que a Providência colocou tão longe dos destinos vulgares, têm menos aversão a elas porque não precisam temê-las. Portanto, é justamente em quem deve governar os homens que se deveria inculcar a maior distância em relação a todos esses abusos que eles podem cometer com um poder ilimitado.]

[O mesmo Maquiavel que nesse capítulo diz que "não há nada tão frágil quanto o crédito e a reputação daqueles que as têm com base apenas na própria virtude" percebe hoje que a fragilidade de sua reputação se desvaneceu, e que, se foi considerado pela inteligência em vida, sua maldade leva-nos a detestá-lo depois da morte. Tanto é verdade que não é possível ofuscar durante muito tempo os olhos do público; esse público, bom apreciador de reputações, embora conceda seus favores durante algum tempo, não o

....
81. Correção: "… que a sã política da moral também reprovaria".

h. que as tropas auxiliares.

82. Voltaire desenvolve a história de Híeron, mas elimina todo o fim do capítulo:

"Eu não gostaria de garantir a história daqueles tempos remotos; mas se aquilo que se conta de Híeron II de Siracusa for verdade, eu não aconselharia ninguém a imitá-lo. Alega-se que numa batalha contra os mamertinos ele dividiu seu exército em dois corpos, um de auxiliares, outro de tropas nacionais; deixou que os primeiros fossem exterminados para obter a vitória com os outros. Suponho que na última guerra de 1701 o Imperador sacrificou assim os ingleses: teria sido um meio garantido de vencer a França? Cortar-se o braço esquerdo para melhor combater com o direito, parece-me, é uma loucura cruel, ou bem perigosa."

faz para sempre e após a morte julga os homens, qualquer que tenha sido sua posição em vida, com a mesma severidade que, segundo se diz, eram julgados os antigos reis do Egito após a morte.]

[Portanto, só há um meio seguro e infalível de conservar uma boa reputação no mundo; é ser efetivamente aquilo que se quer parecer aos olhos do público.]

CAPÍTULO XIV

[Há uma espécie de pedantismo comum a todos os ofícios, que só provém do excesso e da intemperança daqueles que o praticam; ele torna extravagantes e ridículos os que são por ele afetados.]

[São vistos com indulgência esses braçais da república das letras que se enterram na douta poeira da antiguidade pelo progresso das ciências, que do fundo daquelas trevas espalham, por assim dizer, sua luz sobre o gênero humano, que vivem com os mortos e os autores da Antiguidade que eles conhecem muito, para a utilidade dos vivos e das pessoas do seu século, que eles conhecem pouquíssimo.]

[Esse pedantismo, escusável de alguma maneira nos eruditos da primeira ordem, uma vez que sua profissão os impede de espalhar-se no mundo secular e numa sociedade que poderia civilizá-los, esse pedantismo é inteiramente insuportável nos homens de guerra, e isso pela razão dos contrários.]

[É pedante o soldado que se apega demasiadamente à minúcia, que é fanfarrão e descamba para o quixotismo. Esses defeitos o tornam tão ridículo em sua profissão quanto o pó da biblioteca e as maneiras do país latino podem tornar ridículo um erudito.]

[O entusiasmo de Maquiavel expõe seu príncipe a esse ridículo: ele exagera tanto, que quer que seu príncipe seja apenas soldado; faz dele um Dom Quixote completo, que tem a imaginação cheia apenas de campos de batalha, trincheiras, modos de atacar praças-fortes, de montar linhas de batalha, ataques, postos e fortificações. Surpreende-me que o autor não tenha tido a ideia de alimentá-lo de fatias de pão em forma de cortina de muralha, massas em forma de bombas e tortas em forma de fortificações em meia-lua, e que não o tenha posto a atacar moinhos de vento, ovelhas e avestruzes, como o adorável extravagante de Miguel de Cervantes.]

[Tais são as falhas nas quais incorremos quando nos afastamos daquele sábio meio-termo que está para a moral assim como o centro de gravidade está para a mecânica.]

Um príncipe só desempenha metade de sua vocação caso se dedique apenas ao ofício da guerra; é evidentemente falso que ele deve ser apenas soldado, e podemos nos lembrar daquilo que eu disse sobre a origem dos príncipes, no primeiro capítulo desta obra. Eles são juízes [por instituição;] e [se são] generais, [é apenas acessoriamente.] Maquiavel[a] é como os deuses de Homero, que eram retratados [fortes,] robustos e poderosos, mas nunca [justos e] equitativos. [Esse autor ignora até o catecismo da justiça; só conhece interesse e violência[83].]

[O autor só apresenta pequenas ideias; seu gênio estreito só abarca assuntos próprios à política dos pequenos prín-

....

a. o príncipe de Maquiavel.

83. Voltaire aqui acrescenta: "Luigi Sforza tinha razão em ser apenas guerreiro, porque não passava de usurpador." Com essa simples frase ele define bem a questão e esvazia toda a diatribe de Frederico, cujos seis primeiros parágrafos, é verdade, ele já eliminou. Como o *Príncipe* na verdade é o estudo da conquista do poder, portanto da "usurpação", é refutá-lo com excessiva facilidade opor ao príncipe guerreiro o "juiz institucional".

cipes. Nada mais lastimável do que as razões de que ele se vale para recomendar caçada aos príncipes[84]:] é sua opinião de que os príncipes por esse meio aprenderão a conhecer as situações e as passagens de seu território.

O rei da França, o imperador que pretendesse obter dessa maneira o conhecimento de seus Estados precisaria passar em caçadas o mesmo tempo que o universo emprega na grande revolução do ano solar[b].

Que me seja permitido entrar em mais pormenores sobre esse assunto. Será como uma espécie de digressão por ocasião da caçada; e como esse prazer é a paixão quase geral dos nobres, dos grandes senhores e dos reis[85], parece-me que ela merece alguma discussão.

[A maioria dos reis e dos príncipes passa pelo menos três quartos da vida a percorrer bosques, a perseguir animais e a matá-los. Se esta obra cair em suas mãos, embora eu não tenha tanta vaidade a ponto de presumir que eles queiram sacrificar a essa leitura um tempo que, aliás, empregam tão utilmente pelo bem do gênero humano, peço-lhes tolerar que o amor à verdade que me guia faça a apologia de meus sentimentos, caso estes sejam contrários aos deles. Não componho um elogio lisonjeiro, minha pena não é venal; meu objetivo, ao escrever esta obra, é satisfazer-me dizendo com toda a liberdade possível as verdades de que estou convencido ou as coisas que me pareçam razoáveis. Se, no final, houver algum leitor de gosto suficientemente estragado para não amar a verdade ou para não querer que seu modo de pensar seja contestado, basta-lhe jogar fora meu livro, pois sem dúvida ninguém o obrigará a lê-lo.]

....

84. Correção: "Maquiavel, violento em outros pontos, aqui me parece bem frágil. Qual é a razão de recomendar a caçada aos príncipes?"

b. revolução dos astros.

85. Voltaire acrescenta aqui: "sobretudo na Alemanha".

[Volto ao meu assunto.] A caça é um daqueles prazeres sensuais que agitam muito o corpo, [e nada dizem ao espírito; é um exercício e uma habilidade mortífera que se põe em uso em detrimento dos animais selvagens; é uma dissipação contínua, um prazer tumultuoso que preenche o vazio da alma e a torna incapaz durante esse tempo de qualquer outra reflexão; é um desejo vivo e ardente de perseguir algum animal selvagem, uma satisfação cruel e sanguinária de matá-lo; em suma, é um divertimento que torna o corpo robusto e disposto e deixa o espírito ocioso e inculto][86].

[Os caçadores por certo me criticarão por levar as coisas excessivamente a sério, por fazer uma crítica grave e severa e por ser como os padres que, tendo o privilégio de falar apenas nos púlpitos, têm a facilidade de provar tudo o que lhes pareça bom, sem temer oposição.]

[Não vou me prevalecer dessas vantagens e alegarei de boa-fé as razões especiosas alegadas pelos amantes da caça. Eles dirão, para começar, que a caça é o prazer mais nobre e antigo dos homens; que patriarcas e até muitos grandes homens foram caçadores; e que, caçando, os homens continuam exercendo sobre os animais o poder que Deus dignou-se dar a Adão. Concordo que a caça pode ser tão antiga, se quiserem, quanto o mundo; isso prova que se vem caçando há muito tempo; mas nem tudo o que é velho é melhor. Grandes homens amaram a caça, admito; tiveram defeitos e fraquezas: devemos imitar o que tiveram de grande, e não copiar as suas pequenezes.]

[Os patriarcas caçaram, é verdade; admito também que eles se casaram com as irmãs, que a poligamia estava em uso no tempo deles. Mas aqueles bons patriarcas e nossos queridos ancestrais tinham os muitos dos sentimentos dos

....
86. Voltaire resume: "que agitam muito o corpo e deixam o espírito inculto".

tempos bárbaros nos quais viviam: eram grosseiros e igno-
rantes; era gente ociosa que, não sabendo ocupar-se, para
matar o tempo que lhes parecia longo demais[87] matavam o
tédio caçando; perdiam nos bosques, a perseguir animais,
os momentos que não tinham a capacidade nem a inteligência de passar em companhia de pessoas racionais[88].

Pergunto se são exemplos que devem ser imitados, se
a grosseria deve instruir a polidez, ou se, ao contrário, não
são séculos esclarecidos que devem servir de modelo aos
outros.

[O fato de Adão ter ou não recebido o império sobre os
animais não é o que estou discutindo agora; mas sei muito
bem que somos mais cruéis e rapaces que os próprios animais, e que nos valemos de modo muito tirânico desse pre-
tenso império.] Se alguma coisa devia dar-nos a vantagem
sobre os animais[c], sem dúvida é nossa razão; e aqueles que
[, de ordinário,] fazem profissão[d] da caça, têm o cérebro
cheio apenas[e] de cavalos, cães e todas as espécies de animais. Em geral[f], são grosseiros, [e contraem o perigosíssimo
hábito de entregar-se sem reservas ao entusiasmo de sua

....

87. Tudo isso e os dois parágrafos anteriores são assim resumidos: "Os
caçadores me dirão, para começar, que a caça é o prazer mais nobre e antigo
dos homens; que os heróis foram caçadores. Pode ser; e eu só condeno o
excesso; o que hoje constitui o prazer de algumas horas era uma ocupação
séria e diária nos tempos bárbaros. "Nossos ancestrais não sabiam ocupar-se,
viviam matando o tédio..."

88. Essa última característica mostra bem o temperamento de Frederico,
amante da cultura e da sociedade humana, que desprezava os exercícios físi-
cos e a educação à prussiana. É pelo menos assim que aparece o príncipe régio até 1740, até o momento do *Anti-Maquiavel*. Em todo caso, ele nunca
gostará de caçar, e podemos ter certeza de sua sinceridade pelo menos nesse
ponto.

c. animais que perseguimos.

d. profissão única.

e. muitas vezes têm a cabeça cheia demais.

f. às vezes.

O anti-Maquiavel

paixão;] e deve-se temer que se tornem tão desumanos para com os homens quanto o são para com os animais, ou pelo menos que o cruel costume de fazer sofrer com indiferença os torne menos compassivos diante das infelicidades de seus semelhantes. Será esse o prazer cuja nobreza é tão gabada? Será essa a ocupação tão digna de um ser pensante?

Objetarão, talvez, que a caça é salutar para[g] a saúde; que a experiência mostrou que quem caça fica velho; que é um prazer inocente e que convém aos grandes senhores, pois ostenta a sua magnificência, [pois] dissipa as suas tristezas e, em tempos de paz, representa para eles imagens da guerra, [e, caçando, o príncipe fica conhecendo as situações do terreno, as passagens, em suma, tudo o que diz respeito a um território.]

[Se me dissésseis que a caça é uma paixão, eu lamentaria que a cultivásseis de preferência a qualquer outra, eu vos desculparia até de certa maneira e me limitaria simplesmente a aconselhar que moderásseis uma paixão que não possais destruir. Se dissésseis que a caça é um prazer, eu responderia que faríeis bem em usá-la sem excesso; pois Deus me livre de condenar algum prazer! Preferiria, ao contrário, abrir todas as portas da alma pelas quais o prazer possa chegar ao homem. Mas, quando dizeis que a caça é útil e boa por mil razões que vos são sugeridas pela ilusão de vossa vaidade e pela linguagem enganosa das paixões, respondo que não me satisfaço com vossas razões frívolas, que é uma maquiagem colocada sobre um rosto feio, para esconder a deformidade e, não podendo provar, quereis pelo menos ofuscar. Qual a utilidade para a sociedade da vida longa de um homem ocioso e preguiçoso? Convém lembrar os seguintes versos:

....

g. *omitido nesta tradução.*

Frederico II

Et ne mesurons point au nombre des années
La course des héros*[89]]

Não se trata de[h] o homem arrastar até a idade de Matusalém o fio indolente e inútil de seus dias; [mas] quanto mais ele tiver refletido, [mas] mais ele terá ações belas e úteis e mais terá vivido.

[Aliás, de todos os divertimentos a caça é a que convém menos aos príncipes. Eles podem demonstrar sua magnificência de outra maneira muito mais útil para os súditos[90] e] caso se verificasse que a abundância da veação arruinasse os campesinos, o cuidado de destruir esses animais poderia muito bem incumbir aos caçadores[i]. Os príncipes deveriam propriamente ocupar-se apenas de instruir-se, para adquirir mais conhecimentos e poder assim combinar mais ideias. Sua profissão é pensar corretamente[91] [e com justiça; é nisso

....

* Trad. lit.: não meçamos pelo número de anos / o percurso dos heróis. (Jean Baptiste Rousseau, Odes, II, 10) [N. da T.]

89. Parágrafo substituído pelo seguinte: "Não me passa pela cabeça condenar um exercício moderado; mas é preciso ter cuidado, o exercício só é necessário aos intemperantes. Não há príncipe que tenha vivido mais que o cardeal de Fleury, que o cardeal Ximenez, que o atual papa. No entanto, esses três homens não eram caçadores."

h. ademais, não é tão importante.

90. Correção: "A caça, é verdade, tem um ar de magnificência e é necessária aos príncipes; mas de quantas maneiras mais úteis podem eles demonstrar sua grandeza?"

Percebe-se que Voltaire atenuou aqui a sátira à caça, tanto por respeito à tradição régia na França quanto pelo gosto pessoal por tudo o que era nobre e decorativo.

i. caçadores pagos para tanto.

91. Voltaire aqui acrescenta: "e agir de acordo com isso"; acima, depois de "instruir-se", ele acrescenta: "e governar". É interessante ver aí o príncipe preocupado unicamente com a perfeição intelectual, e o filósofo completando suas ideias com uma lembrança à ação necessária. Note-se de passagem a notável definição do papel dos soberanos segundo Frederico: "Sua profissão é pensar corretamente e com justiça." Admirável fórmula, muito menos teórica do que parece à primeira vista; pois, se examinarmos o contexto ("adquirir

que eles deveriam exercitar a mente; mas, como os homens dependem muito dos hábitos que contraem e como suas ocupações influem infinitamente sobre sua maneira de pensar, pareceria natural que eles preferissem a companhia de gente sensata, que lhes desse brandura, à companhia dos animais, que só podem torná-los ferozes e selvagens. Pois quantas vantagens têm aqueles que formaram o espírito no tom da reflexão em relação àqueles que sujeitam sua razão ao império dos sentidos! A moderação, virtude tão necessária aos príncipes, não se encontra nos caçadores, e isso seria suficiente para tornar odiosa a caça.]

Devo acrescentar ainda, para responder a todas as objeções que possam ser feitas e para voltar a Maquiavel[j], que não é necessário ser caçador para ser grande capitão; que Gustavo Adolfo[k], [lorde] Marlborough [e o príncipe] Eugênio, cujas qualidades de homens ilustres e de hábeis oficiais[l] ninguém discutirá, não foram caçadores [todos juntos, e[92]] é possível fazer, passeando, reflexões mais judiciosas e sólidas sobre diferentes situações[m], relativamente à arte da guerra, do que quando perdizes, cães de caça, cervos, [uma matilha de] todos os tipos de animais, [etc.], e o ardor da caça distraiam. Um grande príncipe, que fez sua segunda campanha na Hungria [com os Imperiais], correu o risco de cair prisioneiro dos turcos por ter-se perdido, caçando[93].

....

mais conhecimentos e poder assim combinar mais ideias"), será perceptível que para Frederico a qualidade principal do rei é a faculdade de dominar conjuntos, o poder lúcido de síntese. Não haverá aí, no jovem príncipe ainda tutelado, uma visão grandiosa e profundamente justa?

j. Devo responder principalmente a Maquiavel.

k. Gustavo Adolfo, Turenne.

l. generais.

92. Acréscimo: "Não lemos que César, Alexandre, Cipião tenham sido."

m. situações de um país.

93. Alusão ao duque de Lorena que, em 1737, durante uma caçada na Sérvia, perdeu-se e com muita dificuldade encontrou o caminho de volta para o acampamento.

Deveria mesmo ser proibida a caça nos exércitos, pois ela causou muita desordem nas marchas [: quantos oficiais, em vez de se ligarem à sua tropa, negligenciaram o dever e afastaram-se aqui e ali! Alguns destacamentos correram até o risco de ser surpreendidos e estraçalhados pelo inimigo por razões semelhantes.]

Concluo, portanto, que é perdoável aos príncipes participar de caçadas, desde que raramente e para distrair-se das ocupações sérias e às vezes entristecedoras[n].

[94][A caça é propriamente para aqueles que a elegem como instrumento de interesse; mas os homens racionais estão no mundo para pensar e agir, e sua vida é breve demais para poderem desperdiçar de modo tão inoportuno momentos que lhes são preciosos.]

[Eu disse acima que o primeiro dever de um príncipe é a administração da justiça; acrescento aqui que o segundo, que vem imediatamente em seguida, é a proteção e a defesa de seus Estados.]

[Os soberanos são obrigados a manter a ordem e a disciplina nas tropas; devem até mesmo empenhar-se seriamente no ofício da guerra, para saberem comandar exércitos, poderem aguentar as canseiras, tomar campos inimigos, fazer que haja em todos os lugares abundância de víveres, dispor tudo de maneira sábia e conveniente, tomar resoluções prontas e justas, encontrar pessoalmente expedientes e

....

n. muito tristes.

94. Voltaire elimina todo o fim do capítulo e escreve em seu lugar: "Não quero proibir mais uma vez nenhum prazer honesto; mas a preocupação em governar bem, em tornar o Estado próspero, em proteger, em ver o sucesso de todas as artes é sem dúvida o maior prazer; e infeliz é o homem que precisa de outros!"

Sem dúvida ele achou que aquele desenvolvimento a respeito da caça já estava suficientemente longo, e era em parte ocioso. Para nós, ao contrário, aparece como uma confissão espontânea de Frederico e uma prova de seus gostos originais.

recursos em casos difíceis, tirar proveito da boa e da má sorte e nunca deixar de ter tino e prudência.]

[Na verdade isso é exigir muito da humanidade; no entanto, pode-se esperar mais de um príncipe que volte sua atenção para fortalecimento de seu próprio espírito do que daqueles que só pensam materialmente e seguindo os impulsos mais ou menos grosseiros dos sentidos. Em suma, com o espírito ocorre o mesmo que com o corpo: quem o exercita para a dança tomará o jeito e se tornará flexível e hábil; quando o corpo é negligenciado, curva-se, perde a graça, torna-se pesado e lerdo e, com o tempo, incapaz de qualquer exercício.]

CAPÍTULO XV

Pintores e historiadores têm em comum[95] o fato de os primeiros retratarem os traços e os coloridos das pessoas, e os outros, o caráter e as ações delas [e a história do espírito humano, para transmitir à posteridade mais remota. Há pintores cujo pincel, conduzido pelas mãos das Graças, corrige as negligências da bela natureza, provê aos defeitos da idade e abranda a deformidade dos originais. As línguas eloquentes de Bossuet e Fléchier mais de uma vez se valeram dessa graça; endireitaram os defeitos da humanidade e fizeram daqueles que não passavam de grandes homens verdadeiros heróis. Ao contrário, há pintores que só captam o feio; o colorido deles suja as mais belas cores dos lírios e das rosas; conferem algo de desgracioso aos contornos e aos traços mais regulares, de modo que em suas réplicas não seria possível reconhecer a Vênus grega e o pequeno Cupido, obras-primas de Praxíteles. O espírito faccioso faz

....
95. Voltaire aqui acrescenta: "o fato de precisarem copiar a Natureza".

os escritores incidir no mesmo defeito. O padre Daniel*, em sua *História da França*, desfigura inteiramente os acontecimentos referentes aos reformados, enquanto alguns outros protestantes, tão pouco moderados e prudentes quanto esse reverendo padre, tiveram a covardia de preferir as mentiras sugeridas por suas paixões ao testemunho imparcial que deviam à verdade, sem considerar que o primeiro dever de um historiador é relatar fielmente os fatos sem os transfigurar e modificar. Pintores diferentes ainda dessas duas ordens que acabo de mencionar misturaram história e ficção para representar monstros mais hediondos do que o inferno conseguiria parir; seus pincéis pareciam quase só ter capacidade de captar figuras diabólicas; suas telas foram impressas com aquilo que a imaginação mais fecunda e funesta poderia criar de sombrio e feroz a respeito dos danados e dos monstros do inferno. Aquilo que Callot, aquilo que Pietro Testa** são no gênero da pintura Maquiavel é no gênero dos autores[96].] Ele representa o universo como um inferno, e todos os homens, como demônios; parece até que esse político [misantropo e hipocondríaco] quis caluniar [todo] o gênero humano por ódio da espécie inteira, ou que assumiu a tarefa de aniquilar a virtude, [talvez] para tornar semelhantes todos os habitantes deste continente.

[Maquiavel, ao falar da virtude, expõe-se ao ridículo daqueles que raciocinam sobre o que não entendem e, ademais, incide no excesso que condena em outros; pois, se alguns autores fizeram o mundo como algo excessivamente bom, ele o representa com uma maldade extremada;

....
* Gabriel Daniel (1649-1728), jesuíta e historiador. [N. da T.]

** Pietro Testa, pintor barroco italiano (1611-1659); Jacques Callot (1592--1635), desenhista e gravurista francês. [N. da T.]

96. Todo esse desenvolvimento foi assim resumido:

"Há pintores singulares que só pintaram monstros e diabos; Maquiavel é um pintor desse tipo."

partindo de um príncipe apresentado em sua embriaguez, ele só pode extrair falsas consequências; é tão impossível raciocinar corretamente sem que o primeiro princípio seja verdadeiro quanto é impossível fazer um círculo sem um centro comum.]

[A moral política do autor se reduz a ter os vícios que venham a ser proveitosos ao interesse, sacrificando os outros à ambição, e em se adequar à canalhice do mundo para evitar uma perda que de outro modo seria infalível.]

[Interesse é a palavra-chave desse sistema político; é o turbilhão de Descartes, é a gravitação de Newton. Segundo Maquiavel, o interesse é a alma deste mundo, tudo deve dobrar-se diante dele, até as próprias paixões. No entanto, é pecar gravemente contra o conhecimento do mundo supor que os homens possam adquirir ou abolir paixões. O mecanismo do corpo humano demonstra que em nós alegria, tristeza, mansidão, cólera, amor, indiferença, sobriedade, intemperança, em suma, todas as paixões dependem apenas do arranjo de alguns órgãos do corpo, da construção mais ou menos delicada de algumas pequenas fibras e membranas, da espessura ou da fluidez de nosso sangue, da facilidade ou da dificuldade de sua circulação, da força de nosso coração, da natureza de nossa bile, do tamanho de nosso estômago, etc. Ora, pergunto se todas essas partes de nosso corpo serão suficientemente dóceis para adequar-se às leis de nosso interesse, e se não é mais razoável presumir que não. Maquiavel, aliás, encontraria muitos hereges que prefeririam o deus de Epicuro ao deus de César.]

[As únicas razões legítimas para levar um ser racional a lutar contra as paixões que lhe comprazem é o próprio bem que daí ele possa extrair e a vantagem da sociedade. As paixões aviltam nossa natureza quando nos entregamos a elas e arruínam nosso corpo se as deixarmos sem freios: é preciso moderá-las sem as destruir e fazê-las voltar-se para o bem da sociedade, simplesmente mudando seu objeto; e mesmo que não as vençamos em batalha cerrada, a menor vantagem sobre elas deve nos satisfazer, por vermos nisso uma espécie de começo do império que exercemos sobre nós mesmos[97].]

[Devo ainda levar o leitor a notar uma contradição grosseira na qual Maquiavel incide nesse capítulo. Ele disse no começo: "É tão grande a distância que vai entre aquilo que se faz e aquilo que se deveria fazer, que todo aquele que regrar sua conduta pela ideia do dever dos homens, e não por aquilo que eles são de fato, não deixará de perecer." O autor talvez tivesse esquecido o modo como se expressa no sexto capítulo; lá ele diz: "Como é impossível atingir perfeitamente o modelo que nos propomos, o homem sábio sempre deve propor-se modelos muito grandes, para que, se não tiver força de imitá-los em tudo, possa pelo menos imprimir o colorido deles às suas ações." É de lamentar em Maquiavel a infidelidade de sua memória, assim como se deve lamentar a pouca conexão e sequência que há entre suas ideias e raciocínios.]

Maquiavel [leva ainda mais longe seus erros e as máximas de sua sabedoria abominável e falsa.] Afirma que não é possível ser completamente bom num mundo criminoso e corrompido [quanto o é o gênero humano,] sem perecer. [Já se disse que, se os triângulos fizessem um Deus, este teria três lados; esse mundo tão mau e corrompido reflete do mesmo modo a criação de Maquiavel.]

[O homem de bem pode ter o espírito transcendente, pode ser circunspecto e prudente, sem que isso seja incompatível com a candura; a previdência e a perspicácia bas-

---

97. Frederico desenvolve aí a tese comum entre os filósofos ingleses sobre a utilidade e a utilização das paixões, tese já disseminada na França, cujos campeões serão Diderot e os sensacionistas. Voltaire retirou todo esse trecho, que está pouco ligado ao assunto principal.

tam-lhe para levá-lo a conhecer os projetos de seus inimigos, e a sabedoria fecunda em expedientes sempre pode levá-lo a evitar as ciladas que a malícia deles lhe arma[98].]

[Mas o que significa não ser totalmente bom entre os criminosos? Nada mais é do que ser criminoso também. Quem começa não sendo totalmente bom em geral acaba por ser totalmente mau e terá o destino do Danúbio que, nem por correr o mundo se torna melhor: começa suíço e termina tártaro.]

[Confesso que é possível aprender coisas novas e singulares em Maquiavel: eu era estúpido e grosseiro o suficiente para ignorar, até a leitura do *Príncipe*, que há casos em que a um homem de bem é permitido tornar-se criminoso; ignorava em minha simplicidade que competia aos Catilinas, Cartouches e Mir-Weis* servir de modelos para o mundo, e estava convencido, como a maioria das pessoas, de que cabia à virtude dar exemplo, e ao vício, recebê-lo.]

....

98. Voltaire elimina esses argumentos muito vagos, bem como toda a declamação final, e escreve o seguinte:

"Quanto a mim, digo que para não perecer é preciso ser bom e prudente; então os criminosos vos temerão e respeitarão.

Os homens e os reis, assim como os outros, não são totalmente bons nem totalmente maus; os maus, os bons e os medianos se unirão todos para poupar um príncipe poderoso, justo e hábil. Numa guerra, acharia melhor guerrear contra um tirano que contra um bom rei; contra Luís XI que contra Luís XII; contra um Domiciano que contra um Trajano; pois o bom rei será bem servido, e os súditos do tirano se unirão às minhas tropas. Se eu for à Itália com 10 mil homens contra um Alexandre VI, metade da Itália ficará comigo; se eu for com 40 mil homens contra um Inocêncio II, toda a Itália se erguerá para me aniquilar.

Nunca um rei bom e sábio foi destronado na Inglaterra por grandes exércitos, e todos os seus maus reis sucumbiram sob rivais que não tinham começado a guerra com 4 mil homens de tropas regulares.

Portanto, não sejas mau com os maus, mas sê virtuoso e intrépido com eles: tornarás teu povo virtuoso como tu; teus vizinhos quererão imitar-te, e os maus tremerão."

* Nobre afegão que conquistou a Pérsia.

[Será preciso polemizar, argumentar, para demonstrar as vantagens da virtude sobre o vício, da beneficência sobre a vontade de prejudicar e da generosidade sobre a traição? Acredito que todo homem racional conheça suficientemente bem seus interesses para sentir qual dos dois é mais proveitoso e para abominar alguém que não ponha essa questão em dúvida, que não pondere, mas se decida pelo crime.]

CAPÍTULO XVI

Dois escultores famosos, Fídias e Alcamenes, fizeram cada um uma estátua de Minerva e entre elas os atenienses quiseram[a] escolher a mais bela para ser colocada no alto de uma coluna. Ambas foram apresentadas ao público: a de Alcamenes ganhou mais votos. A outra, segundo se dizia, estava trabalhada de modo muito grosseiro. Fídias, não se desorientando com o[b] julgamento do vulgo [, ousou protestar] e pediu que, como as estátuas tinham sido[c] feitas para serem colocadas numa coluna, que as duas fossem erguidas, [para então se decidir qual era a mais bonita. Efetivamente foram erguidas as duas, e só então se perceberam as regras de proporção, perspectiva e elegância do desenho, mais observadas na estátua de Fídias do que na do seu adversário[99].]

O sucesso de Fídias se devia ao estudo de óptica e [ao estudo] das proporções; [o que deve ser colocado numa elevação precisa estar submetido a regras diferentes daquilo que deve ser visto no mesmo plano. Mas essa regra de proporção deve ser bem observada na política tanto quanto o

a. deviam.
b. não se desconcertou com o.
c. tendo sido as estátuas.
99. Correção: "Então a de Fídias ganhou o prêmio."

O anti-Maquiavel

é na escultura. Em política, as diferenças de lugar fazem as diferenças das máximas; querer aplicar uma delas de modo geral seria torná-la viciosa: o que seria admirável para um grande reino não conviria a um pequeno Estado; o que serviria mais à elevação de um contribuiria mais para a queda do outro. Se fossem confundidos interesses tão diferentes, incidiríamos em erros estranhos e não poderíamos deixar de aplicar falsamente princípios que em si mesmos seriam bons e salutares.] O luxo que nasce da abundância e faz circular riquezas por todas as veias de um Estado produz a prosperidade de um grande reino; é ele que mantém a indústria, é ele que multiplica as necessidades dos ricos [e dos opulentos] para ligá-los por meio dessas necessidades aos pobres [e aos indigentes; o luxo está para um grande império como o movimento de diástole e sístole está para o coração no corpo humano. É o mecanismo que envia o sangue pelas grandes artérias até as extremidades de nossos membros e o faz circular pelas pequenas veias que o levam de volta ao coração para que este o distribua de novo para as diferentes partes de que é composto o nosso corpo[100]].

Se algum político pouco hábil tivesse a ideia de banir o luxo de um grande Estado, este Estado[d] definharia [e se enfraqueceria consideravelmente; o dinheiro, tornando-se inútil, ficaria nos cofres dos ricaços; o comércio definharia; as manufaturas se arruinariam, por falta de vendas; a indústria pereceria; as famílias ricas continuariam perpetuamente ricas, e os indigentes não teriam nenhum recurso para sair da miséria.]

....

100. Essa teoria do luxo é a da maioria dos filósofos do século XVIII e nem sequer é combatida no fundo pelas teses de Rousseau. É aquilo que Diderot chamará de "luxo decoroso", ou seja, luxo adequado à função social e à capacidade de gasto. Devem ser notados os limites da afirmação de Frederico: "O luxo produz a prosperidade de um grande reino..."

d. império; esse império.

Frederico II

O luxo, ao contrário, acarretaria a ruína de um pequeno Estado; [os particulares se arruínam com os gastos, e] o dinheiro, saindo do país em quantidade proporcionalmente maior do que entra[e], faria o corpo delicado cair em consunção, e este não deixaria de morrer héctico]. Portanto, é regra indispensável a todo político nunca confundir pequenos Estados com grandes, e é esse o mais grave pecado de Maquiavel neste capítulo[101].

O primeiro erro que devo criticar nele é o fato de ter tomado a palavra liberalidade num sentido vago demais[102]; [há uma diferença sensível entre um homem pródigo e um homem liberal: o primeiro gasta todos os seus bens com profusão, desordem e inoportunidade; é um excesso condenável, é uma espécie de loucura, é um defeito de julgamento, e, por conseguinte, do caráter de um príncipe não faz parte a prodigalidade. O homem liberal, ao contrário, é generoso; faz tudo pela razão, e para ele a receita é o barômetro da despesa; embora seja beneficente com economia, sua compaixão pelos infelizes o leva a incorrer em gastos e privar-se do supérfluo para socorrê-los. Sua bondade só tem como limite suas forças. Essa é, afirmo, uma das primeiras qualidades de um grande príncipe e de todos aqueles que nasceram para socorrer e aliviar as misérias dos outros.]

[O segundo erro que aponto em Maquiavel é um erro de caráter. Chamo erro de caráter a ignorância que o leva a

....

e. entraria.

101. Reconhece-se aí a ideia permanente de Frederico sobre a estreiteza de informação de Maquiavel: os grandes Estados têm uma estatura totalmente diferente daquela que caracteriza os Estados italianos. Essa tese não deixa de ter bom-senso; em todo caso, deve-se notar que ela está totalmente à margem do problema moral.

102. Voltaire aqui acrescenta simplesmente: "não é fácil distinguir liberalidade de prodigalidade". E elimina todo o resto do parágrafo e a transição do parágrafo seguinte, o que rompe o plano do capítulo.

atribuir à liberalidade os defeitos da avareza. Diz ele: "Para manter a reputação de homem liberal, o príncipe sobrecarregará seus súditos, buscará meios de confisco e será obrigado a recorrer a caminhos indignos para encher seus cofres." Esse é precisamente o caráter do avaro; foi Vespasiano, e não Trajano, que impôs tributos ao povo romano. A avareza é uma fome devoradora que nunca se sacia; é um câncer que rói tudo a seu redor e consome tudo. Um homem avaro deseja riquezas; deseja a riqueza daqueles que a possuem e, se puder, apropria-se dela. Os homens interesseiros deixam-se tentar pelo atrativo do ganho, e os juízes cobiçosos são suspeitos de corrupção. É do caráter desse vício eclipsar as maiores virtudes quando se encontra condensado num mesmo objeto.]

[O homem liberal é justamente o oposto do avaro; a bondade e a compaixão servem de base à sua generosidade. Se faz o bem, é para socorrer os infelizes e contribuir para a felicidade das pessoas de mérito com as quais a fortuna não é tão favorável quanto a natureza. Um príncipe que tenha esse caráter, em vez de oprimir os povos e gastar em seus prazeres aquilo que os súditos juntaram industriosamente, só pensa em aumentar os recursos para a opulência destes; ações injustas e ruins são cometidas apenas sem seu conhecimento, e seu bom coração o incita a obter para todos os povos de seu domínio toda a felicidade que pode ser comportada pelo Estado no qual estão.]

[Esse é o sentido que se dá ordinariamente à liberalidade e à avareza. Pequenos príncipes que têm domínios exíguos e estão sobrecarregados de família fazem bem em fazer tanta economia, que as pessoas pouco sutis não consigam distingui-la da avareza. Alguns soberanos que, embora tenham alguns Estados, não são grandes príncipes, são obrigados a administrar seus rendimentos com ordem e medir suas liberalidades segundo suas forças; no entanto,

Frederico II

quanto mais poderosos são os príncipes, mais liberais devem ser.[103]]

Talvez alguém objete com o exemplo[f] de Francisco I, rei da França, cujas despesas excessivas foram em parte causa de suas desventuras. [Todos sabem que os prazeres de Francisco I absorviam os recursos de sua glória. Mas há duas coisas para responder a essa objeção: a primeira é que, no tempo daquele rei, a França não era comparável, em poder, rendimentos e forças, àquilo que é atualmente; e a segunda é que] aquele rei não era liberal, mas pródigo[104].

[Não me passa pela cabeça condenar a boa ordem e a economia de um soberano, sou o primeiro a louvá-las. Um príncipe, como tutor de seus súditos, tem a administração do dinheiro público; é responsável por ele perante os súditos e, se for prudente, precisará reunir fundos suficientes

....

103. Resumo no lugar dos três parágrafos anteriores:

"Diz ele: o príncipe, para fazer grandes coisas, deve passar por avaro. Quanto a mim, afirmo que deve passar por liberal, e que deve sê-lo; não conheço herói que não o tenha sido. Ostentar a avareza é dizer aos homens: não espereis nada de mim, sempre pagarei mal os vossos serviços. É apagar o fervor que todo súdito tem naturalmente em servir seu príncipe.

"Por certo só o homem econômico pode ser liberal; só aquele que administra prudentemente seus bens pode fazer o bem aos outros."

f. conhece-se o exemplo.

104. Voltaire encaixa aí uma de suas teorias mais prezadas sobre a circulação do dinheiro:

"... e no fim da vida tornou-se um pouco avaro. Em vez de ser bom poupador, depositou tesouros em seus cofres; mas não são tesouros sem circulação que se deve ter, é sim um amplo rendimento e economias.

"Todo particular e todo rei que apenas acumulam enterram dinheiro, não entendem nada do assunto; é preciso pôr o dinheiro em circulação para ser realmente rico. Os Medicis só obtiveram o poder em Florença porque o grande Cósimo, Pai da Pátria, simples mercador, foi hábil e liberal. Todo avaro é mesquinho, e creio que o cardeal de Retz tem razão quando diz que 'nos grandes negócios nunca se deve olhar o dinheiro'. Portanto, que o soberano se ponha em condições de ter muito dinheiro de modo apropriado, favorecendo o comércio e a indústria de seus súditos, para poder gastar muito e de modo apropriado; assim será amado e estimado."

para em tempos de guerra atender às despesas necessárias sem ser obrigado a impor novos ônus. É preciso ter prudência e circunspecção na administração dos bens do Estado; mas é sempre pelo bem do Estado que um príncipe é liberal e generoso; é assim que ele incentiva a indústria, que dá consistência à glória e estimula a própria virtude.]

[Só me falta indicar um erro de moral no qual Maquiavel incidiu. Diz ele: "A liberalidade torna pobre, portanto desprezível." Que lamentável raciocínio, que falsas ideias daquilo que é digno de louvor ou de censura! Como! Maquiavel, os tesouros de um rico servirão de equilíbrio para a estima pública! Um metal desprezível em si mesmo e que só tem preço arbitrário tornará digno de elogio quem o possui! Portanto, não é o homem, mas o monte de ouro, que o torna digno de consideração! Será concebível que semelhante ideia possa entrar no cérebro de uma cabeça pensante? As riquezas são adquiridas pelo trabalho, por herança ou, o que é pior, pela violência. Todos esses bens adquiridos estão fora do homem, ele os possui e pode perdê-los. Portanto, como é possível confundir objetos tão diferentes em si mesmos como a virtude e o vil metal? O duque de Newcastle, Samuel Bernard, ou que tais[105], são conhecidos por suas riquezas; mas há uma diferença entre ser conhecido e ser estimado. O orgulhoso Creso e seus tesouros, o avaro Crasso e suas riquezas impressionaram a visão do povo com sua opulência como fenômenos singulares, sem nada dizer ao coração e não os fazendo estimados. O justo Aristides e o sábio Pilopêmen, o marechal de Turenne e o Sr. de Catinat, dignos dos costumes supostos nos primeiros séculos, foram alvo da admiração de seus contemporâneos e exemplo dos homens de bem de todas as idades, apesar da frugalidade e do desinteresse que tinham.]

....

105. O manuscrito, segundo Preuss, contém a palavra *pels*, que não tem nenhum sentido. Suponho provisoriamente que se trate de *tels* [tais, que tais].

[Portanto, não é o poder, a força e a riqueza que conquistam o coração dos homens, mas são as qualidades pessoais, a bondade e a virtude que têm esse privilégio. Assim, a pobreza e a indigência não poderiam aviltar a virtude, tal como as vantagens exteriores não poderiam enobrecer ou reabilitar o vício.]

[O vulgo e os indigentes têm certo respeito pela riqueza, o que provém propriamente do desconhecimento que têm dela, por ignorância; os ricos, ao contrário, e aqueles que pensam corretamente têm desprezo soberano por tudo o que vem do favorecimento da fortuna ou do acaso e, por possuírem os bens deste mundo, conhecem melhor sua vanidade e seu nada.]

[Não se trata de deslumbrar o público para surpreender, por assim dizer, sua estima; mas trata-se de merecê-la[106].]

CAPÍTULO XVII

O depósito mais precioso já confiado às mãos dos príncipes[a] é a vida de seus súditos. Seu cargo lhes dá o poder de condenar à morte ou de perdoar os culpados; [são os árbitros supremos da justiça. Uma palavra de sua boca faz marchar diante deles aqueles órgãos sinistros da morte e da destruição, uma palavra de sua boca põe em ação de socorro os agentes de sua graça, ministros que anunciam boas

---

....

106. Em lugar desses quatro últimos parágrafos, Voltaire resume da seguinte maneira:

"Maquiavel diz que a liberalidade o tornará desprezível; é o que poderia dizer um usurário; mas será assim que deve falar um homem que se incumbe de dar lições aos príncipes?

"Um príncipe, se ouso dizer, é como o céu que espalha a cada dia orvalhos e chuvas, dos quais sempre tem reservas inesgotáveis, destinados à fertilidade da terra."

a. confiado aos príncipes.

novas. Mas quanta circunspecção, quanta prudência e quanta sabedoria um poder absoluto desses exige para que não haja abuso!]

[Os tiranos não dão a menor importância à vida dos homens. As alturas nas quais foram colocados pela fortuna os impedem de sentir compaixão pelas desditas que não conhecem; são como aqueles que têm vista fraca e não enxergam dois palmos adiante; só veem a si mesmos e não percebem o restante dos humanos; se seus sentidos fossem impressionados pelo horror dos suplícios infligidos por suas ordens, pelas crueldades que fazem cometer longe de seus olhos, por tudo o que precede e acompanha a morte de um infeliz, talvez seu coração não fosse tão duro a ponto de renegar constantemente a humanidade e talvez não tivessem um sangue-frio tão desnaturado para não se enternecer.]

Os bons príncipes encaram esse poder [não limitado] sobre a vida dos súditos como o maior peso de sua coroa. Sabem que são homens como aqueles que[b] devem julgar; sabem que [erros,] injustiças[c], [injúrias] podem ser reparadas [no mundo,] mas que uma sentença precipitada de morte é um mal irreparável; só usam de severidade para evitar um rigor mais desagradável que preveem[107] [caso se comportassem de outra maneira; e só tomam essas resoluções funestas em casos desesperados e parecidos com os do homem que, sentindo um membro gangrenado, apesar da afeição que tem por si mesmo, resolvesse deixá-lo amputar, para com essa operação dolorosa garantir e salvar pelo menos o resto do corpo. Portanto, é só quando há grande necessidade que um príncipe deve atentar contra a vida de

....

b. *omitido nessa tradução.*

c. outras injustiças.

107. Voltaire resume assim toda a sequência:

"... semelhantes ao homem que permite a amputação de um membro gangrenado".

seus súditos; portanto, é nisso que ele deve ser mais circunspecto e escrupuloso.]

Maquiavel trata como^d bagatelas coisas [tão graves, tão sérias,] tão importantes. Nele, a vida dos homens não conta nada; e o interesse, único deus que ele adora, conta em tudo; prefere a crueldade à clemência e aconselha aos que tenham subido recentemente ao trono que desprezem mais que os outros a reputação de crueldade.

São carrascos que põem no trono os heróis de Maquiavel e [é a força e a violência que] os mantêm ali. César Borgia é o refúgio daquele político quando ele procura exemplos de crueldade, [assim como Telêmaco o é do Sr. Fenelon quando ele ensina o caminho da virtude].

Maquiavel também cita alguns versos que Virgílio põe na boca de Dido; mas essa citação está inteiramente deslocada, pois Virgílio põe Dido a falar assim como o Sr. de Voltaire porá a falar^e Jocasta em seu Édipo. O poeta atribui às suas personagens uma linguagem que convém ao caráter delas. Portanto, não é a autoridade de Dido, não é a autoridade de Jocasta que se deve ir buscar num tratado de política; é preciso usar o exemplo dos [grandes homens e de] homens virtuosos^{108}.

[Para responder com poucas palavras ao autor, bastará uma reflexão: os crimes têm um encadeamento tão funesto, que se seguem necessariamente assim que os primeiros são cometidos. Desse modo a usurpação atrai o banimento, a proscrição, o confisco e o assassínio. Pergunto se não há uma dureza medonha, se não há uma ambição execrável

....

d. de.

e. assim como um autor moderno faz falar.

108. Voltaire corrige: "homens hábeis e virtuosos". Esse simples acréscimo mostra que ele sentia muito bem a fraqueza do *Anti-Maquiavel* e que procurava destruir a impressão de um arrazoado puramente idealista, acrescentando a autoridade dos *hábeis* e os exemplos de governos fortes.

em aspirar ao poder, quando são previstos os crimes que devem ser cometidos para manter-se nele. Pergunto se há um interesse pessoal no mundo que deva levar um homem a tomar a decisão de provocar a morte dos inocentes que se oponham à sua usurpação, e que atrativo pode ter uma coroa manchada de sangue. Essas reflexões talvez impressionassem pouco Maquiavel, mas estou convencido de que todo o universo não é tão corrompido quanto ele.]

O político recomenda sobretudo rigor para com as tropas; opõe a indulgência de Cipião à severidade de Aníbal, prefere o cartaginês ao romano, conclui em seguida que a crueldade é o móbil da ordem, da disciplina e, por conseguinte, dos triunfos de um exército. Maquiavel não age de boa-fé [nessa ocasião], pois escolhe Cipião, o mais frouxo, [o mais débil] de todos os generais no que se refere à disciplina, para opô-lo a Aníbal; para favorecer a crueldade, [a eloquência do político a põe em contraste com a fraqueza daquele Cipião, que, conforme dizia Catão, era o corruptor da milícia romana; e pretende fundamentar um juízo sólido na diferença dos sucessos dos dois generais para em seguida denegrir a clemência, por ele confundida ordinariamente com os vícios nos quais o excesso de bondade faz incidir].

Admito que a ordem de um[f] exército não pode subsistir sem severidade; pois, como manter no cumprimento do dever libertinos, devassos, criminosos, covardes, temerários, animais grosseiros e mecânicos, se o medo dos castigos não os detiver em parte?

Tudo o que peço nesse sentido a Maquiavel é moderação. [Que ele saiba, portanto, que,] se a clemência de um homem de bem o induz à bondade, a sabedoria também o induz[g] ao rigor. Mas seu rigor é como o de um[h] piloto hábil:

....
f. num.
g. força.
h. acontece com ele o mesmo que com um.

Frederico II

ninguém o vê cortar o mastro e os cabos de sua embarcação, a não ser quando a tanto obrigado [pelo perigo iminente ao qual é exposto] pela borrasca [e pela tempestade[109]].

Mas Maquiavel ainda não se esgotou; no momento estou no seu argumento mais capcioso, [mais sutil e impressionante]. Ele diz que um príncipe é mais recompensado quando se faz temer do que quando se faz amar, pois a maioria das pessoas tende à ingratidão, à mudança, [à dissimulação, à covardia, à cobiça; que o amor é um elo de obrigação muito fragilizado pela malícia e pela baixeza do gênero humano, ao passo que o medo do castigo dá muito mais garantia do cumprimento do dever pelas pessoas; que os homens são senhores de sua benevolência, mas não o são de seu temor; assim, um príncipe prudente dependerá mais de si mesmo que dos outros.]

[Respondo a tudo isso que] não nego que haja [homens] ingratos [e dissimulados no mundo]; e não nego que o medo, em alguns momentos, seja muito poderoso: mas afirmo que todo rei cuja política só tiver por objetivo provocar temor reinará sobre escravos[i]; que não poderá esperar grandes ações de seus súditos, pois[j] tudo o que é feito por medo [e por timidez] sempre carrega em si esse caráter; que um príncipe que tiver o dom de se fazer amar reinará sobre os corações, pois os súditos veem conveniência[k] em tê-lo por senhor, e há um grande número de exemplos na história de grandes e belas ações realizadas por amor e fidelidade. Digo também que a moda [das sedições e] das revoluções parece estar inteiramente acabada em nossos dias; não se vê nenhum reino, exceto a Inglaterra, em que o Rei tenha o

....

109. Acréscimo: "Há ocasiões em que é preciso ser severo, mas nunca cruel; e, num dia de batalha, eu preferiria ser amado a ser temido por meus soldados."

i. sobre vis escravos.

j. que.

k. seu próprio interesse.

mínimo motivo para apreender de[1] seus povos; e também que, na Inglaterra, o Rei nada deve temer, a não ser que ele mesmo provoque a tempestade.

Concluo, portanto, que um príncipe cruel se expõe mais a ser traído do que um príncipe benigno, pois a crueldade é insuportável, [e] todos logo se cansam de temer, [e] a bondade é sempre estimável, e ninguém se cansa de amá-la.

Logo, seria desejável, pela felicidade do mundo, que os príncipes fossem bons sem serem excessivamente indulgentes, para que a bondade neles fosse sempre uma virtude, e nunca uma fraqueza.

CAPÍTULO XVIII

[É da natureza das coisas que aquilo que seja fundamentalmente mau assim permanecerá para sempre. Os Cíceros e os Demóstenes esgotariam em vão a sua arte para enganar o mundo nesse assunto: sua eloquência seria louvada, mas censurado o deplorável abuso que dela teriam feito. O objetivo de um orador deve ser o de defender o inocente contra o opressor ou contra aquele que o calunia, expor os motivos que devem levar os homens a fazer uma opção ou tomar uma resolução de preferência a outra, mostrar a grandeza e a beleza da virtude com aquilo que o vício tem de abjeto e disforme; mas deve-se abominar a eloquência quando ela serve a um uso totalmente oposto a este.]

[Maquiavel, o mais malvado, o mais celerado dos homens, emprega nesse capítulo todos os argumentos que lhe são sugeridos por seu furor para defender o crime; mas resvala e cai com tanta frequência nesse infame caminho, que eu não faria outra coisa se tentasse marcar os seus tombos. A desordem, os falsos raciocínios encontrados nesse capítu-

....
1. de temer.

101

Frederico II

lo são inúmeros; de toda a obra, esse talvez seja o capítulo no qual reina a maior malícia ao lado da maior fraqueza. A lógica nele é tão ruim quanto é depravada a moral.] Esse sofista dos crimes[a] ousa garantir que os príncipes podem enganar o mundo por meio da dissimulação; por aí devo começar a refutá-lo.

Sabe-se até que ponto o público é curioso; é um animal que vê tudo, ouve tudo e divulga tudo [o que viu e ouviu]. A curiosidade do público, quando examina a conduta dos particulares, é para distrair a ociosidade; mas, quando julga o caráter dos príncipes, é no interesse próprio. Por isso, os príncipes estão mais expostos que os outros homens [aos raciocínios e] aos julgamentos do mundo; são como os astros, *contra os quais um povo de astrônomos tenha assestado seus setores com lunetas e seus astrolábios; os cortesãos que os observam de perto a cada dia fazem suas observações*[110]; um gesto, um relance, um olhar os trai, e os povos se aproximam deles por conjecturas; em suma, assim como o sol não pode cobrir suas manchas, [a lua, suas fases, Saturno, seus anéis,] poucos grandes príncipes conseguem esconder seus vícios [e as profundezas de seu caráter ao olhar de tantos observadores].

Mesmo que a máscara da dissimulação cobrisse durante certo tempo a deformidade natural de um príncipe, *não seria possível que ele mantivesse essa máscara continuamente e só a tirasse*[111] às vezes, nem que para respirar; e uma única ocasião pode bastar[b] para satisfazer os curiosos.

....

a. o preceptor dos tiranos.

110. Correção: "[...] que os astrônomos observam. A Corte faz diariamente suas observações [...]" A frase seguinte, cuja ordem Voltaire corrige, escrevendo "um relance, um olhar, um gesto...", aliás, é copiada de seu *Édipo* (III, I): *Une seule parole, un soupir, un coup d'oeil nous trahit.*

111. Correção: "[...] ele não pode manter essa máscara continuamente. Tira-a [...]"

b. basta.

O artifício [, portanto, e a dissimulação] habitarão[c] em vão os lábios desse príncipe; [o ardil de seus discursos e de suas ações será inútil.] Os homens não são julgados por suas palavras, [esse seria o meio de enganar-se sempre;] mas suas ações são comparadas em conjunto, [e] depois suas ações são comparadas a seus discursos; e contra isso a falsidade e a dissimulação nunca terão poder nenhum[d].

Estamos bem quando somos nós mesmos[e], e efetivamente cada um deve ter o caráter que deseja que o mundo pressuponha nele; [sem isso aquele que pensa enganar o público engana-se a si mesmo.]

Sisto V, Filipe II, Cromwell foram vistos no mundo como homens [finórios, ardilosos, hipócritas e] audaciosos, mas nunca virtuosos. [Assim, não é possível disfarçar-se; assim, um príncipe, por mais hábil que seja, mesmo seguindo todas as máximas de Maquiavel, não pode conferir o caráter da virtude que não tem aos crimes que lhe são próprios.]

Maquiavel [, esse corruptor da virtude,] não raciocina melhor acerca das razões[f] que devem levar os príncipes à trapaça e à hipocrisia; a aplicação engenhosa e falsa da fábula do centauro não conclui nada; pois do fato de o centauro ser metade humano e metade cavalo como pode seguir-se que os príncipes devam ser ardilosos e ferozes? Só deve ter muita vontade de dogmatizar o crime quem empregue argumentos tão fracos e os vá buscar tão longe[g].

[Mas vejamos um raciocínio mais deplorável do que tudo o que já vimos.] A política diz que um príncipe deve ter as qualidades do leão e da raposa; [do leão para desfazer-se dos lobos, da raposa para ser esperto;] e conclui:

....

c. habitará portanto.
d. poder algum.
e. só desempenhamos bem nossa própria personagem.
f. motivos.
g. extraídos de tão longe.

"Isso mostra que um príncipe não é obrigado a manter a palavra." Eis aí uma conclusão[h] [sem premissas; um escolar do segundo grau seria castigado rigorosamente por seu preceptor, caso assim argumentasse, e o doutor do crime não tem vergonha de balbuciar assim suas lições de impiedade?[112]]

Quem quisesse conferir probidade e bom-senso aos pensamentos confusos de Maquiavel poderia modificá-los mais ou menos[i] da seguinte maneira. O mundo é como um jogo no qual se encontram jogadores honestos, mas também ardilosos [que trapaceiam]; para não ser enganado, [portanto,] o príncipe que deve participar da partida precisa saber de que maneira se trapaceia[j] no jogo, não para[k] praticar jamais essas lições, mas para não ser enganado pelos outros.

Voltemos aos tombos de nosso político. Diz ele: "Como todos os homens são celerados e a todo momento deixam de cumprir a palavra, não sois obrigado a manter a vossa." Eis aí, primeiramente, uma contradição [em termos]; pois o autor diz, um momento depois, que os homens dissimulados sempre encontrarão outros suficientemente simples para se deixarem enganar. Como isso se coaduna? Todos os homens são celerados, e serão encontrados homens suficientemente simples para se deixarem enganar! [Isso quanto à contradição. Quanto ao raciocínio, não é melhor, pois] é muito falso[l] que o mundo seja composto apenas de celerados. É preciso ser muito misantropo para não ver que em toda sociedade há muita gente de bem, que a maioria [das

....
h. uma estranha conclusão.
112. Voltaire substitui esta frase pela seguinte: "Há raposas e lobos nas florestas, portanto é preciso que um príncipe seja esperto."
i. mais ou menos talvez.
j. engana.
k. a fim de.
l. também é muito falso.

pessoas] não é boa nem ruim, [e que há alguns desonestos que a justiça persegue e castiga severamente, quando os agarra]. Mas, se não pressupusesse o mundo celerado, no que Maquiavel basearia sua abominável máxima[113]? [Percebe-se que o empenho em que ele estava de dogmatizar a trapaça obrigava-o como ponto de honra a agir assim; e ele achou que era permitido enganar os homens quando eles são ensinados a enganar.] Mesmo que supuséssemos os homens tão maus quanto quer Maquiavel, nem por isso daí se seguiria que devemos[m] imitá-los. Do fato de Cartouche roubar, pilhar e assassinar eu concluo que Cartouche é um mísero larápio[n], e não que devo pautar minha conduta pela dele. Se não houvesse mais honra e virtude no mundo, diz um historiador[o], seria entre os príncipes que deveríamos encontrar vestígios dela. [Em suma, nenhuma consideração poderia ser bastante forte para fazer um homem afastar-se de seu dever.]

Depois de provar a necessidade do crime, o autor quer incentivar seus discípulos com a facilidade de cometê-lo. Diz ele: "Os que entendem bem a arte de dissimular sempre encontrarão homens suficientemente simples para se deixarem enganar"; o que se reduz ao seguinte: vosso vizinho é um tolo, e vós sois inteligente; portanto, deveis enganá-lo, porque ele é um tolo. São silogismos em virtude dos quais

....
113. Esse trecho é o primeiro desse capítulo no qual a refutação tem algum valor. Primeiramente, pela contradição, que existe realmente no raciocínio de Maquiavel: supor enganados dá a entender que essas vítimas têm menos duplicidade que seus adversários, e que o crime, portanto, é desigual entre os homens. Donde a ideia filosófica de Frederico, que é exatamente a mesma de Voltaire, inspirada pela psicologia clássica: "a maioria não é boa nem má". Aqui já não estamos na moral teórica que permeava o início do capítulo; entramos num realismo de boa qualidade.

m. devêssemos.
n. um infeliz que deve ser punido.
o. dizia Charles le Sage.

os discípulos de Maquiavel foram enforcados e supliciados na roda, na praça da Grève.

Não contente por ter demonstrado a facilidade do crime segundo seu modo de raciocinar, o político em seguida ressalta a felicidade da perfídia; no entanto, o que há de desagradável nisso é que César Borgia, o maior celerado, [o maior traidor,] o mais pérfido dos homens, esse César Borgia, herói de Maquiavel, foi [efetivamente] muito infeliz. Maquiavel abstém-se de falar dele nessa ocasião. Precisava de exemplos; mas de onde os teria apanhado, senão do registro dos processos criminais ou da história [dos papas[114]? É por estes últimos que ele seguia e] garante que Alexandre VI, o homem mais falso e ímpio de seu tempo, sempre teve sucesso em suas trapaças porque conhecia perfeitamente a fraqueza da credulidade nos homens.

Ouso afirmar que não era tanto a credulidade dos homens que ensejava o sucesso dos desígnios daquele papa quanto certos acontecimentos e certas circunstâncias; havia[p] o contraste da ambição francesa e espanhola, a desunião e o ódio das famílias da Itália, [as paixões] e a fraqueza de Luís XII, [e as grandes somas em dinheiro que Sua Santidade extorquia e a tornaram poderosíssima, o que não contribuiu pouco].

A trapaça é até um defeito de estilo de política, quando levada longe demais. Cito a autoridade de um *grande político, o cardeal Mazarino, segundo o qual dom Luis de Haro*[115] tinha um grande defeito em política, era o fato de

....

114. Correção: "... a história dos Neros e de seus semelhantes". Prudência de Voltaire, que elimina a palavra ofensiva, mas, deixando o exemplo de Alexandre VI, conserva todo o valor do trecho. O que importa é a coisa, não a palavra!

p. houve.

115. Voltaire retifica o caso, invertendo os termos: "[...] a autoridade de um grande ministro, dom Luis de Haro, segundo o qual o cardeal Mazarino [...]"

sempre ter sido trapaceiro. Aquele mesmo Mazarino, querendo usar o Sr. de Fabert numa negociação escabrosa, ouviu deste último[116]: "Monsenhor, permiti que me recuse a enganar o duque de Savoia, principalmente porque se trata de uma bagatela; a sociedade sabe que sou um homem de bem; portanto, reservai minha probidade para a ocasião em que se tratar da salvação da França."

Neste momento, não estou falando de honestidade nem de virtude; mas, considerando simplesmente o interesse dos príncipes, digo que é má política da parte deles trapacear e enganar o mundo: só enganam uma vez, o que lhes acarreta a perda da confiança de todos os príncipes.

[Certa potência, num manifesto, declarou categoricamente as razões de sua conduta e em seguida agiu de maneira completamente oposta à daquele manifesto[117]. Admito que] ações tão impressionantes como estas levam inteiramente à perda da confiança; pois quanto mais imediata a contradição, mais grosseira ela é. A Igreja romana, para evitar contradição semelhante, fixou prudentemente para aqueles que ela inclui no rol dos santos um noviciado de cem anos depois da morte; por meio disso, a memória *de seus defeitos e de suas extravagâncias*[q] morre com eles; as testemunhas de sua vida [e aqueles] que poderiam depor

....

116. Frederico deixou em branco no manuscrito o nome de Fabert, que Voltaire inseriu.

117. Alusão à França, que empreendeu a guerra de sucessão da Polônia para dar o trono a Estanislau Leczinski e depois renunciou a isso para lhe dar a Lorena e garantir para si essa província quando ele morresse. Frederico frequentemente voltou a essa habilidade de Fleury; passa a impressão de ver nisso perfídia e falta à palavra dada, mas decerto vê secretamente um modelo invejado de maquiavelismo, e não é exagero supor que se inspirou nessa atitude quando das duas pazes firmadas que lhe garantiram a posse da Silésia.

Voltaire não pôde manter essa alusão direta demais no texto; corrige: "Às vezes vemos potências declararem em manifestos as razões de sua conduta e depois agir de maneira completamente oposta."

q. de suas fraquezas.

Frederico II

contra eles deixam de existir, e nada se opõe à *ideia de santidade que se quer passar para o público*[r].

[Mas que me perdoem essa digressão.] Admito, aliás, que há necessidades desagradáveis nas quais um príncipe não poderia deixar de romper seus tratados e alianças; no entanto, deve *fazê-lo de boa maneira*[118], avisando os aliados em tempo, *e não*[119] o sem ser a tanto obrigado pela salvação de seus povos e por alguma necessidade [muito] grande.

[Essas contradições tão próximas que acabo de censurar a certa potência encontram-se em grande número em Maquiavel; num mesmo parágrafo ele diz, primeiramente: "É necessário parecer piedoso, fiel, manso, religioso e correto, e é necessário sê-lo de fato", mas em seguida: "É impossível um príncipe observar tudo que leva os homens a ser considerados corretos; assim, ele deve optar por acomodar-se ao vento e ao capricho da fortuna e, se puder, nunca se afastar do bem; mas, se a necessidade o obrigar a tanto, poderá parecer às vezes afastar-se dele." Cabe admitir que esses pensamentos tendem furiosamente à algaravia; um homem que raciocine dessa maneira não se entende e não merece que nos demos o trabalho de adivinhar seu enigma ou deslindar seu caos.]

Terminarei este capítulo com uma única reflexão. Observe-se a fecundidade com que os vícios se propagam nas mãos de Maquiavel. [Não lhe basta que um príncipe tenha a infelicidade de ser incrédulo,] pois ele *quer também co-*

....

r. para a apoteose.

118. Correção: "deve desfazer-se deles como homem de bem".

119. Correção: "e, principalmente, nunca chegar a esses extremos". Percebe-se que Voltaire quer reforçar as ressalvas de Frederico em relação a essa conduta excepcional.

É notável que Frederico, num texto em que nada o obrigava a fazer concessões a Maquiavel, tenha deixado assim a porta entreaberta para o realismo sem escrúpulo. Trecho preciosíssimo como ponto de partida de sua política régia.

roar[s] sua incredulidade com a hipocrisia; acredita que os povos serão mais tocados pela *preferência que um príncipe dê a Polignac sobre Lucrécio*[120] do que pelos maus-tratos que sofrerão dele. Há pessoas que compartilham sua opinião; quanto a mim, parece-me que devemos ter alguma indulgência para com os erros de especulação, quando estes não provocam a corrupção do coração, e que o povo amará[t] mais um príncipe incrédulo[u] que seja homem de bem e lhes propicie bem-estar do que um ortodoxo criminoso e malfeitor. Não são os pensamentos dos príncipes, mas [são] suas ações que dão felicidade aos homens.

CAPÍTULO XIX

[O espírito de sistema sempre foi um escolho fatal para a razão humana; induziu em erro aqueles que acreditaram apreender a verdade e se deixaram seduzir por alguma ideia engenhosa da qual fizeram a base de suas opiniões; foram assim absorvidos por preconceitos que sempre serão mortais à busca da verdade, sejam eles quais forem, de modo que os artesãos de sistemas compuseram mais romances do que demonstrações.]

[Os céus planetários dos antigos, os turbilhões de Descartes e a harmonia preestabelecida de Leibniz são desses erros do espírito, causados pelo espírito sistemático. Esses filósofos afirmaram fazer o mapa de um país que não conhe-

....

s. ele quer que um rei incrédulo coroe.

120. Alusão a Luís XV, que apreciara muito o *Anti-Lucrécio* do cardeal de Polignac, ainda inédito, mas cujo manuscrito era conhecido na Corte.

Voltaire elimina a alusão e corrige: "mais impressionados pela devoção de um príncipe do que revoltados contra os maus-tratos…"

t. os povos amarão.

u. cético.

Frederico II

ciam e que nem tinham feito o esforço de reconhecer; souberam nome de algumas cidades e rios e os situaram conforme mais agradou à sua imaginação. Em seguida – coisa bem humilhante para esses pobres geógrafos –, alguns curiosos viajaram para esses países tão bem descritos; tais viajantes tiveram dois guias, dos quais um se chama analogia, e o outro, experiência, e descobriram, para seu grande espanto, que aquelas cidades, aqueles rios, aquelas situações e distâncias de lugares eram bem diferentes do que aquilo que lhes havia sido dito[121].

A sanha dos sistemas não foi uma loucura privilegiada dos filósofos, também o foi dos políticos. Maquiavel com ela infectou o mundo mais do que ninguém: quer provar que um príncipe deve ser mau e trapaceiro; essas são as palavras sacramentais de seu lastimável sistema[a]. Maquiavel tem toda a maldade dos monstros que Hércules venceu, mas não tem sua força; por isso, não é preciso ter a força de Hércules para abatê-lo; pois o que haverá de mais simples e natural [e] mais conveniente aos príncipes do que a justiça e a bondade? Não acredito que seja necessário exaurir-se em argumentos para prová-lo; [todos estão convencidos disso.] O político, portanto, deve perder necessariamente[b] ao defender o contrário. Pois, se defender que um príncipe instalado no trono deve ser cruel, trapaceiro, traidor, etc., ele o fará inutilmente malvado; e se quiser investir de todos esses vícios um príncipe que suba ao trono, para fortalecer sua usurpação, o autor dará[c] conselhos que erguerão todos os soberanos e todas as

....

121. Frederico, como bom discípulo um tanto livresco, exibe aqui a filosofia voltairiana e relativista; o ataque aos "sistemas" nele é realmente tradicional, e os _Elementos da filosofia de Newton_ acabavam de ser publicados. Mas Voltaire elimina esses dois parágrafos, como não fazendo parte do assunto.

a. de sua religião.

b. o político se desmoraliza.

c. lhe dará.

repúblicas contra ele. Pois, como um particular pode ascender ao trono, a não ser destituindo um príncipe soberano daqueles Estados, [ou] usurpando a autoridade numa república? [Logo,] sem dúvida não é como[d] entendem os príncipes da Europa; [e] se Maquiavel tivesse escrito uma coletânea de trapaças para uso de salteadores [de estradas], não teria feito uma obra mais condenável do que esta.

No entanto, devo expor os[e] falsos raciocínios [e contradições] que se encontram nesse capítulo. Maquiavel afirma que o que torna um príncipe odioso é ter ele se apoderado injustamente dos bens de seus súditos e ter atentado contra o pudor de suas mulheres. Sem dúvida, um príncipe interesseiro, injusto, violento e cruel *não poderá deixar de ser odiado e de se tornar odioso para seus povos*[f]; mas o mesmo não ocorre com o galanteio. Júlio César, que em Roma era considerado o marido de todas as mulheres e a mulher de todos os maridos, Luís XIV, que gostava muito das mulheres, Augusto I, rei da Polônia, [que as tinha em comum com seus súditos], esses príncipes não foram odiados por causa de suas aventuras amorosas; [e] se César foi assassinado, se a liberdade romana mergulhou o punhal[g] em seu flanco, foi porque César era [um] usurpador, e não porque César era galanteador.

Talvez me objetem com o exemplo da expulsão dos reis de Roma por causa do atentado cometido contra o pudor de Lucrécia, *para defender a opinião de Maquiavel*[122]; mas respondo que não[h] o amor do jovem Tarquínio por Lucrécia, mas a maneira violenta de fazer esse amor, que deu ensejo à sublevação de Roma; [e que,] como essa vio-

....
d. assim que.
e. alguns.
f. será detestado.
g. tantos punhais.
122. Esse trecho foi posto por Voltaire mais acima, depois de "talvez".
h. respondo que não foi.

lência despertou na memória do povo a ideia de outras violências cometidas pelos Tarquínios, o povo pensou seriamente em vingá-la[123].

Não digo isso para desculpar a galanteria dos príncipes, ela pode ser moralmente ruim; não estou [aqui] apegado a outra coisa senão a mostrar que ela não tornava os soberanos odiosos. Todos veem o amor nos bons príncipes como uma fraqueza [e do mesmo modo as pessoas inteligentes consideram o comentário sobre *o Apocalipse* entre as outras obras de Newton][124].

[Mas o que me parece digno de alguma reflexão é que esse doutor que prega aos príncipes a abstinência de mulheres era florentino; entre as outras boas qualidades que Maquiavel tinha, teria ele também a de ser jesuíta?]

[Voltemos agora aos conselhos que ele dá aos príncipes para que estes não se tornem desprezíveis. Quer ele que estes não sejam caprichosos, volúveis, covardes, efeminados, indecisos; nisso ele com certeza tem razão; mas continua aconselhando que ostentem muita grandeza, gravidade, coragem e firmeza. A coragem é boa; mas por que os príncipes devem limitar-se a ostentar essas virtudes? Por que não devem possuí-las de fato? Se não possuírem essas qualidades efetivamente, os príncipes sempre a mostrarão de modo insuficiente, e todos sentirão que o ator e o herói representado são duas personagens.]

[Maquiavel também quer que um príncipe não deve deixar-se governar[125], para que não se possa presumir que

123. Acréscimo: "se é que o caso de Lucrécia não passa de romance".

124. Correção e acréscimo: "... como uma fraqueza perdoável, desde que não venha acompanhada por injustiças. Pode-se fazer amor como Luís XIV, como Carlos II, rei da Inglaterra, como o rei Augusto; mas não se deve violentar Lucrécia, matar Pompeu, mandar assassinar Úrias".

125. Há um erro de sintaxe, mas Voltaire não o corrigiu, uma vez que eliminou todo esse trecho.

alguém tenha suficiente ascendência sobre seu espírito para fazê-lo mudar de opinião. De fato tem razão; mas afirmo que não há ninguém no mundo que não se deixe governar, uns mais, outros menos. Conta-se que certa vez a cidade de Amsterdam foi governada por um gato. Por um gato? – dirão. Como uma cidade pode ser governada por um gato? Se seguirdes a gradação de favores, sereis capazes de julgar. O primeiro burgomestre da cidade tinha o primeiro voto no conselho e lá era muito estimado. Esse primeiro burgomestre tinha uma mulher cujos conselhos ele seguia cegamente; uma serviçal tinha influência absoluta sobre o espírito daquela mulher, e um gato, sobre o espírito da serviçal; portanto era o gato que governava a cidade.]

[No entanto, há ocasiões em que é até glorioso para um príncipe mudar de conduta, e ele deve fazê-lo todas as vezes em que perceber seus erros. Se os príncipes fossem infalíveis como o papa acredita ser, fariam bem em manter firmeza estoica em todas as suas opiniões; mas, como todos eles têm as fraquezas da humanidade, devem pensar incessantemente em corrigir e aperfeiçoar a própria conduta. Basta lembrar que a firmeza exagerada e a obstinação de Carlos XII quase puseram Bender* a perder, e que foi essa firmeza inabalável que arruinou mais os seus negócios do que a perda de algumas batalhas.]

[Vejamos outros erros de Maquiavel. Ele diz: "Um príncipe nunca deixará de obter boas alianças enquanto se puder confiar em seus exércitos"; isso está errado, a menos que se acrescente: nesses exércitos e em sua palavra; pois o exército depende do príncipe e é da sua honestidade ou desonestidade que dependem o cumprimento das alianças e os movimentos desse exército.]

....

* Trata-se de Carlos XII da Suécia, que em Bender, ou Bendery, na Moldávia, sustentou um sítio contra os turcos. Hoje Bender se chama Tighina. [N.da T.]

Frederico II

Mas eis aí uma contradição formal. A política quer "Que um príncipe se faça amar pelos súditos, para evitar conspirações" e no capítulo dezessete ele diz "Que um príncipe deve[i] fazer-se temer, pois pode contar com uma coisa que depende dele, o que não ocorre com o amor dos povos." Qual das duas é a verdadeira opinião do autor? Ele fala a linguagem dos oráculos, pode ser interpretado como se quiser; mas essa linguagem oracular, diga-se de passagem, é a linguagem dos trapaceiros.

Devo dizer, de modo geral nesta ocasião, que conspirações e assassinatos quase já não são cometidos no mundo; os príncipes estão em segurança nesse sentido; esses crimes estão obsoletos, saíram da moda, e as razões que para tanto Maquiavel alega são ótimas; no máximo o fanatismo [de alguns religiosos] poderá levar a cometer um crime tão apavorante, [por devoção e por santidade]. Entre as boas coisas que Maquiavel diz a respeito das conjurações[j] há até uma muito boa, mas que se torna ruim em sua boca; é a seguinte: "Um conjurador fica perturbado pelo medo dos castigos que o ameaçam, e os reis são mantidos pela majestade do império e pela autoridade das leis." Parece-me que o autor político não tem muita moral para falar de leis, ele que só insinua o interesse, a crueldade, o despotismo e a usurpação. [Maquiavel faz como os protestantes, que usam argumentos dos incrédulos para combater a transubstanciação dos católicos e usam os mesmos argumentos com que os católicos afirmavam a transubstanciação para combater os incrédulos. Que flexibilidade mental![126]]

....

i. Deve pensar principalmente em.

j. conspirações.

126. Frederico não deixa de ter habilidade para pôr Maquiavel em contradição consigo mesmo. Por certo toma demasiadamente ao pé da letra alguns termos, como *leis*, aqui, e acima o termo *amor*; no entanto, toca diretamente em duas dificuldades: Maquiavel realmente preferiu de início o temor ao amor,

O anti-Maquiavel

Portanto, Maquiavel aconselha aos príncipes que se façam amar [e] poupar-se[k], por essa razão, ganhando igualmente a benevolência dos poderosos e dos povos; tem razão em aconselhá-los a delegar a outros aquilo que poderia atrair para eles o ódio de algum de seus estados, e de estabelecer para tanto magistrados juízes entre os povos[l] e os poderosos. Aduz o governo da França como modelo e, amigo extremado que é do despotismo e da usurpação de autoridade, aprova o poder que o parlamento[m] da França tinha outrora. Parece-me [pessoalmente] que, se há um governo que hoje poderíamos propor como modelo de sabedoria[127], esse governo é o da Inglaterra: lá, o parlamento é árbitro do povo e do Rei, e o Rei tem todo o poder de fazer o bem, mas não de fazer o mal.

Maquiavel [responde em seguida às objeções que acredita poderem ser feitas acerca daquilo que ele afirmou sobre o caráter dos príncipes, e] inicia uma grande discussão sobre a vida dos imperadores romanos, desde Marco Aurélio até os gordianos.

[Convém segui-lo para examinar seu raciocínio.] O político[n] atribui a causa das mudanças frequentes à venalidade do império. [Está seguro de que, a partir do momento em que o cargo de imperador foi vendido pelas guardas preto-

....

depois recomenda a afeição popular como único sustentáculo inabalável dos príncipes; a primeira ideia é apresentada a propósito da disciplina militar; a outra, a propósito da autoridade política, mas não podemos nos abster de fazer o paralelo. Quanto à "autoridade das leis", cabe reconhecer que ela será bem fraca num Estado cuja direção tenha sido usurpada por um príncipe novo; em todo caso, Maquiavel coloca-se aí, em certo momento, bastante distanciado da conquista do poder e então argumenta contra a própria usurpação.

k. que se poupem.

l. o povo.

m. os parlamentos.

127. Acréscimo: "sem que isso seja crítica aos outros".

n. ele.

rianas, os imperadores deixaram de ter segurança de vida. Os guerreiros dispunham desse cargo, e aquele que o assumisse morria, se não fosse protetor de suas vexações e ministro de suas violências; de modo que os bons imperadores eram assassinados pelos soldados, e os maus, por conspiração e por ordem do senado. Cabe acrescentar a isso que a facilidade que havia então de subir ao poder contribuiu muito para aquelas frequentes mudanças, e que então em Roma era moda matar os imperadores, assim como ainda hoje em alguns países da América é moda os filhos asfixiarem os pais quando estes estão demasiadamente velhos. O costume tem tamanho poder sobre os homens, que faz passar por cima dos sentimentos e da própria natureza, quando se trata de obedecer-lhe. Eis aí uma reflexão sobre a vida de Pertinax que não tem muita correspondência com os preceitos que o autor dá no começo desse capítulo. Diz ele: "Um soberano que queira absolutamente conservar a coroa às vezes é obrigado a afastar-se dos termos 'justiça e da bondade'." Acredito ter mostrado que naqueles tempos infelizes nem a bondade nem os crimes dos imperadores os salvavam dos assassinatos. Cômodo, sucessor de Marco Aurélio, em tudo indigno de seu predecessor, angariando o desprezo do povo e dos soldados, foi assassinado. Abstenho-me de falar, no fim do capítulo, de Severo. Passo, portanto, a Caracala, que não pôde manter-se no poder por causa da crueldade e prodigalizou aos soldados o dinheiro que seu pai amealhara, para levá-los a esquecer o assassinato de seu irmão Geta, por ele cometido. Omito Macrino e Heliogábalo, ambos assassinados, indignos de qualquer atenção da posteridade. Alexandre, sucessor destes, tinha boas qualidades; Maquiavel acredita que ele perdeu a vida por ser efeminado; mas de fato a perdeu por ter desejado restabelecer a disciplina entre os soldados, que a covardia de seus predecessores negligenciara inteiramente. Portanto,

O anti-Maquiavel

aquelas tropas desenfreadas, quando ouviram dizer que alguém pretendia falar-lhes de ordem, desfizeram-se do príncipe. Maximino sucedeu a Alexandre; era grande guerreiro, mas não ficou no trono. Maquiavel atribui isso ao fato de ter origem humilde e ser cruel; tem razão quanto à crueldade, mas se engana muito quanto à origem humilde. Em geral se supõe que é necessário um mérito pessoal e superior num homem que suba sem apoio e desempenhando o papel de ancestral de si mesmo; acredita-se por isso mesmo que seu valor só provém da virtude; ocorre até que pessoas de bom nascimento sejam desprezadas, quando nada têm de grandioso nem que corresponda à ideia de sua nobreza[128].]

....

128. A maior parte desse parágrafo foi remanejada e completada da seguinte maneira por Voltaire:

"... a venalidade do Império; mas não é a única causa. Calígula, Cláudio, Nero, Galba, Oto e Vitélio tiveram fim trágico, sem terem comprado Roma como Dídio Juliano. A venalidade foi, afinal, uma razão a mais para o assassinato dos imperadores; mas o verdadeiro fundo daquelas revoluções era a forma de governo. As guardas pretorianas tornaram-se aquilo que foram depois os mamelucos no Egito, os janízaros na Turquia, os strelitz na Rússia. Constantino debelou habilmente as guardas pretorianas; mas no fim os males do Império ainda expuseram seus senhores ao assassinato e ao envenenamento. Observarei apenas que os maus imperadores perecem de morte violenta; mas Teodósio morreu na cama, e Justiniano viveu feliz oitenta e quatro anos. É nisso que insisto. Não há quase príncipes malvados que tivessem sido felizes, e Augusto só foi pacífico quando se tornou virtuoso. O tirano Cômodo, sucessor do divino Marco Aurélio, foi assassinado apesar do respeito que se tinha por seu pai; Caracala não pôde manter-se no poder por causa de sua crueldade; Alexandre Severo foi morto pela traição daquele Maximino de Trácia que é considerado um gigante; e Maximino, tendo sublevado todo o mundo com suas barbáries, foi assassinado por sua vez. Maquiavel afirma que aquele fora morto em virtude do desprezo que se tinha por sua humilde origem, Maquiavel está errado. Um homem que subiu ao poder graças à coragem já não tem pai; todos pensam em seu poder, e não em sua extração. Pupieno era filho de um marechal de aldeia; Probo, de um jardineiro; Diocleciano, de um escravo; Valentiniano, de um cordoeiro; todos foram respeitados. O Sforza que conquistou Milão era camponês; Cromwell, que subjugou a Inglaterra e fez a Europa tremer, era um simples cidadão; o grande Maomé, fundador do

Frederico II

[Voltemos agora a Severo que, segundo Maquiavel, "Tinha força de leão e astúcia de raposa." Severo tinha grandes qualidades; sua falsidade e sua perfídia podem ser aprovadas somente por Maquiavel; aliás, teria sido um grande príncipe se tivesse sido bom. Observe-se, nessa ocasião, que Severo foi governado por Plautiano, seu favorito, assim como Tibério o foi por Sejano, e esses dois príncipes não foram desprezados. Como frequentemente o autor político faz falsos raciocínios, isso também ocorre em se tratando de Severo; pois diz ele que a reputação desse imperador "eclipsava a grandeza de suas extorsões e o punha a salvo do ódio público". Parece-me que são as extorsões e as injustiças presentes que eclipsam a grandeza de uma reputação presente; que o leitor julgue. Se Severo se manteve no trono, isso foi de alguma forma devido ao imperador Adriano, que estabeleceu a disciplina militar; e, se os imperadores que sucederam a Severo não conseguiram manter-se no poder, a causa disso foi o relaxamento da disciplina por parte de Severo. Severo cometeu também um grande erro em política: com suas proscrições, muitos soldados do exército de Pescênio Nigro bandearam-se para os partas, e lhes ensinaram a arte da guerra; esse fato, depois, deu grande prejuízo ao império. Um príncipe prudente deve não só pensar em seu reino, mas também prever para os reinos seguintes as consequências funestas de seus erros presentes.]

....

império mais próspero do universo, fora um pequeno comerciante; Samo, primeiro rei da Eslavônia, era um mercador francês; o famoso Piast, cujo nome é tão reverenciado na Polônia, foi eleito rei quando ainda tinha tamancos nos pés e viveu respeitado até os cem anos. Quantos generais de exércitos, quantos ministros e chanceleres plebeus! A Europa está cheia deles, e isso só pode ser ótimo, pois esses postos são dados ao mérito. Não digo isso para desprezar o sangue dos Witikinds, dos Carlos Magnos e dos otomanos [Otos?]; ao contrário, por mais de uma razão devo amar o sangue dos heróis, mas amo ainda mais o mérito".

Não se deve [portanto] esquecer que Maquiavel se engana muito quando acredita que no tempo de Severo bastava poupar os soldados para manter-se no poder; [pois] a história daqueles imperadores o contradiz[129]. [Nos tempos em que vivemos,] um príncipe precisa tratar igualmente bem todas as ordens daqueles que deve comandar, sem estabelecer diferenças que causem ciúmes funestos a seus interesses.

Portanto, o modelo de Severo, proposto por Maquiavel àqueles que subirem ao poder, é tão ruim quanto pode ser vantajoso o de Marco Aurélio. Mas como se pode propor como modelos, lado a lado, Severo, César Borgia e Marco Aurélio? Isso é querer reunir a mais pura sabedoria e virtude com a mais medonha canalhice.

Não posso terminar [este capítulo] *sem fazer mais uma observação: é que*[o] César Borgia, apesar da crueldade e da perfídia, teve um fim muito infeliz, e Marco Aurélio, filósofo coroado, sempre bom, sempre virtuoso, até a morte não sofreu nenhum revés da fortuna.

CAPÍTULO XX

O paganismo representava Jano com dois rostos, o que significava o conhecimento perfeito que ele tinha do passado e do futuro. A imagem desse deus, tomada em sentido

---

129. Novo acréscimo: "Quanto mais os pretorianos indisciplináveis eram poupados, mais sentiam que tinham força; havia igual perigo em lisonjeá-los e em reprimi-los. As tropas hoje não devem ser temidas, porque estão todas divididas em pequenos corpos que se vigiam mutuamente, porque os reis fazem todas as nomeações e a força das leis está mais estabelecida. Os imperadores turcos não estão tão expostos à corda apenas porque ainda não souberam usar essa política. Os turcos são escravos do sultão, e o sultão é escravo dos janízaros. Na Europa cristã um príncipe precisa…"

o. sem insistir ainda que.

alegórico, pode muito bem ser aplicada aos príncipes. Tal como Jano, eles precisam ver atrás de si a história de todos os séculos transcorridos, que lhes fornecem lições salutares de conduta e dever; tal como Jano, devem enxergar à frente, com o uso da sagacidade e do espírito de força e julgamento que combina todas as relações e lê nas conjunturas presentes as conjunturas que devem seguir-se.

[O estudo do passado é tão necessário aos príncipes porque lhes fornece os exemplos de homens ilustres e virtuosos; portanto, é a escola da sabedoria[130]; o estudo do futuro lhes é útil, pois os faz prever os males que devem ser temidos e os golpes do destino de que se devem esquivar; é, portanto, a escola da prudência; duas virtudes tão necessárias aos príncipes quanto o são para os pilotos a bússola e o compasso, que conduzem os navegantes.]

[O conhecimento da história também é útil por servir para multiplicar o número de ideias que temos a respeito de nós mesmos; ele enriquece o espírito e fornece como que um quadro de todas as vicissitudes da fortuna, bem como exemplos salutares de recursos e expedientes.]

[A penetração no futuro é boa, pois de alguma maneira nos permite decifrar os mistérios do destino; e, consideran-

....

130. Frederico voltou várias vezes ao interesse que deve despertar nos príncipes o estudo da história. Em 1751, no *Discurso preliminar* das *Memórias para a História de Brandemburgo*, ele escreve:

"A história é vista como a escola dos príncipes; ela descreve para a memória deles os reinos dos soberanos que foram os pais da pátria e dos tiranos que a assolaram; marca as causas do engrandecimento dos impérios, bem como as de sua decadência..."

Encontra-se a mesma ideia, com nuance mais realista, no fim do *Prefácio* de 1775 à *História de meu tempo*:

"A história é a escola dos príncipes: cabe a eles instruir-se com os erros dos séculos passados, para evitá-los e para aprender que é preciso constituir um sistema e segui-lo passo a passo; e quem tiver calculado melhor sua conduta será o único que poderá sobrepujar aqueles que agem de forma menos consequente que ele."

do tudo o que poderia nos acontecer, preparamo-nos para tudo o que poderíamos fazer de mais sensato quando tais acontecimentos chegassem.]

Maquiavel faz [nesse capítulo] cinco perguntas aos príncipes, tanto àqueles cujas conquistas são recentes quanto àqueles de quem a política só pede a consolidação no poder. Vejamos o que a prudência poderá aconselhar de melhor, combinando-se passado e futuro e seguindo-se sempre a razão e a justiça.

Eis a primeira pergunta: se um príncipe deve desarmar os povos conquistados ou não.

Respondo que[a] a maneira de fazer a guerra mudou [muito] desde Maquiavel. *São os exércitos dos príncipes*[b], mais fortes ou menos fortes, que defendem os seus países; seria muito desprezada uma tropa de camponeses armados, *e ainda só* nos assédios a burguesia empunha armas; *mas* os sitiadores não toleram, *em geral, que os burgueses exerçam funções de soldados*[131] e, para impedi-los, os ameaçam com bombardeio de balas incandescentes. Parece, aliás, que é prudente desarmar, nos primeiros momentos, os burgueses de uma cidade conquistada, principalmente se houver o que temer por parte deles. Os romanos, que tinham conquistado a Grã-Bretanha e não podiam mantê-la em paz, por causa do humor turbulento e belicoso daqueles povos, tomaram a decisão de efeminá-los, para moderar neles aquele instinto belicoso e feroz; tal como desejava Roma, tiveram sucesso. Os corsos são um punhado de homens tão bravos e determinados quanto os ingleses; nunca serão domados [pela coragem, a não ser[c]] pela bondade. [Creio que,]

....

a. sempre é preciso pensar como.

b. são sempre exércitos disciplinados.

131. Correção de toda essa frase: "Se às vezes nos assédios a burguesia empunha armas, os assediadores não o toleram..."

c. creio, a não ser pela prudência e.

Frederico II

para manter-se no poder naquela ilha, seria[d] indispensável desarmar os habitantes e amolecê-los[e]. Digo, de passagem, a respeito dos corsos, que se pode ver pelo exemplo deles quanta coragem e quanta virtude não são dadas[f] aos homens pelo amor à liberdade, e que é perigoso e injusto oprimi-los.

A segunda pergunta [do político] gira em torno da confiança que um príncipe deve ter [preferivelmente] depois de tomar o poder num novo Estado: ou nos novos súditos que o ajudaram a se tornar senhor, ou naqueles que, sendo[g] fiéis a seu príncipe legítimo, [lhe foram mais contrários].

Quando se toma uma cidade com inteligência e graças à traição de alguns cidadãos, haveria muita imprudência de[h] confiar no traidor. [Cometida aquela má ação a vosso favor, ele sempre estará disposto a fazê-lo por outro, e é a ocasião que decide. Ao contrário, aqueles que marcam sua fidelidade pelos soberanos legítimos dão exemplos de constância com os quais se pode contar, e é de se presumir que farão pelos novos soberanos aquilo que fizeram por aqueles que eles foram forçados a abandonar por necessidade. Quer a prudência, porém, que não se confie com leviandade, nem sem tomar boas precauções[132].]

....

d. parece-me.

e. e abrandar os seus costumes.

f. que coragem e que virtude são dadas.

g. foram.

h. em.

132. Remanejamento de todo esse parágrafo: "... aos traidores, que provavelmente vos trairão: e deve se presumir que aqueles que foram fiéis a seus antigos senhores o serão aos novos soberanos; pois em geral se trata de espíritos prudentes, homens domiciliados que têm bens na terra, que amam a ordem e para os quais qualquer mudança é prejudicial. No entanto, não se deve confiar com leviandade em ninguém".

Eis aí, portanto, um ponto em torno do qual Voltaire e Frederico estão de acordo com Maquiavel, partindo os três de constatações realistas.

Mas suponhamos por um momento que os povos oprimidos e forçados a sacudir o jugo de seus tiranos recorressem a outro príncipe para governá-los, [sem que ele tivesse intrigado]. Creio que esse príncipe deveria corresponder plenamente à confiança que lhe depositassem, e, se nessa ocasião falhasse com aqueles que lhe confiaram o que têm de mais precioso, teríamos [o traço mais indigno de] uma ingratidão *que não deixaria de macular sua memória*[i]. Guilherme, príncipe de Orange, conservou até o fim da vida a amizade e a confiança daqueles que tinham posto em suas mãos as rédeas do governo da Inglaterra; e aqueles que se lhe opuseram abandonaram a pátria e seguiram o rei Jaime.

Nos reinos eletivos, onde a maioria das eleições ocorre por intriga e onde o trono é venal, diga-se o que se disser, creio que o novo soberano terá facilidade, depois de tomar o poder, de comprar aqueles que se lhe opuseram, assim como angariou os favores daqueles que o elegeram. A Polônia nós dá exemplos disso: ali se comercia[j] tão grosseiramente o trono, que parece[k] que aquela compra é feita[l] em feiras livres, [e] a liberalidade de um rei da Polônia afasta de seu caminho qualquer oposição; está em seu poder granjear as grandes famílias por meio de palatinados, estarostias e outros cargos que concede. Mas, como em matéria de benefícios os poloneses[m] têm memória bem curta, muitas vezes é preciso voltar à carga; em suma, a república da Polônia é como as jarras das Danaides: em vão, o rei mais generoso despejará nelas seus benefícios, pois nunca se encherão. No entanto, como são muitas as graças que deve fazer, um rei da Polônia pode poupar recursos frequentes, distribuindo

....

i. funesta para seu poder e sua glória.
j. comerciou.
k. parecia.
l. era feita.
m. os homens.

liberalidades apenas nas ocasiões em que precisar das famílias que ele enriquece[133].

A terceira pergunta de Maquiavel refere-se propriamente à segurança de um príncipe num reino hereditário: se é melhor manter a união ou a animosidade[n] entre os súditos.

Essa pergunta talvez pudesse ter lugar no tempo dos ancestrais de Maquiavel, em Florença; mas, atualmente, acredito que nenhum político a adotaria [nua e crua e] sem abrandá-la. Eu só precisaria citar o belo e conhecido apólogo de Menênio Agripa, com o qual ele reuniu o povo romano. No entanto, os republicanos de algum modo devem alimentar o ciúme entre seus membros, pois, *se todos se unissem*[o], a forma de governo se transformaria em monarquia. [Isso não deve se transferir aos particulares aos quais a desunião é prejudicial, mas apenas àqueles que, unindo-se com mais facilidade, pudessem arrebatar a autoridade suprema.]

Há príncipes que acreditam ser necessária para seu interesse a desunião de seus ministros; acham que serão menos enganados por esses homens se o ódio mútuo os mantiver mais[p] em guarda [acerca de sua conduta]. Mas, embora esses ódios produzam tal efeito [por um lado], também[q] produzem outros [, por outro lado, que são muito prejudiciais aos interesses desses mesmos príncipes]; pois em vez de tais ministros contribuírem em pé de igualdade[r], o que acontece é que, para se prejudicarem, contrariam[s] [as opi-

....

133. Todo esse trecho sobre a Polônia é de uma precisão satírica e de uma lucidez dignas de Maquiavel. Vê-se aí, especialmente, o desprezo de Frederico pelo governo polonês e, de algum modo, a origem moral da futura partilha.

n. a desinteligência.

o. se cada partido não vigiasse o outro.

p. mantiver reciprocamente.

q. também produzem outro muito perigoso.

r. Colaborarem a serviço do príncipe.

s. Contrariam-se continuamente.

niões e os mais convenientes para o bem do Estado,] e confundem em suas brigas particulares a vantagem do príncipe e o bem-estar dos povos.

Portanto, nada contribui mais para a força de uma monarquia do que a união íntima e inseparável de todos os seus membros, e esse deve ser o objetivo de um príncipe sábio.

O que acabo de responder à terceira pergunta de Maquiavel pode de algum modo servir de solução para seu quarto problema; examinemos, porém, e julguemos em duas palavras se um príncipe deve fomentar facções contra si ou se deve ganhar a amizade de seus súditos.

Fazer inimigos para vencê-los é forjar monstros para combatê-los; é mais natural, razoável e humano fazer amigos. Felizes são os príncipes que conhecem as amenidades da amizade! Mais felizes são os que merecem o amor e a afeição de seus povos!

E assim chegamos à última pergunta de Maquiavel, ou seja, se um príncipe deve ter fortalezas e cidadelas ou se as deve demolir.

Creio ter dito minha opinião no capítulo décimo no que se refere aos pequenos príncipes; passemos agora àquilo que diz respeito à conduta dos reis.

No tempo de Maquiavel, o mundo vivia uma fermentação geral; o espírito de sedição e de revolta reinava em todo lugar; [e] só se viam[t] [cidades rebeldes, povos em agitação, e motivos de perturbação e guerra para os soberanos e seus Estados]. Aquelas revoluções frequentes e contínuas obrigaram os príncipes a construir cidadelas nos pontos mais elevados das cidades, para assim conterem o espírito inquieto dos habitantes [e acostumá-los à constância].

Depois daqueles tempos bárbaros, talvez porque os homens se cansaram de destruir-se mutuamente [e derramar

....
t. somente saxões e tiranos.

sangue, ou talvez por terem ficado mais racionais[134]], já não se ouve falar tanto de sedições e revoltas, e parece até que esse espírito de inquietação, depois de ter trabalhado muito, atualmente está sossegado; desse modo, já não há necessidade de cidadelas para dar conta da fidelidade [das cidades e] do país. Não se pode dizer o mesmo [, porém, daquelas cidadelas e] daquelas fortificações que têm o objetivo de proteger dos inimigos e garantir mais tranquilidade ao Estado.

Exércitos e fortalezas têm utilidade igual para os príncipes; pois estes, se podem opor seus exércitos aos inimigos, podem proteger esse mesmo exército sob os canhões de suas fortalezas, em caso de batalha perdida; e o assédio que o inimigo faça a tal fortaleza lhes dá tempo de refazer-se e reunir novas forças, que, caso reunidas a tempo, podem ser empregadas para fazer o inimigo levantar o cerco.

As últimas guerras de Brabante, entre o Imperador e a França, quase não avançavam, por causa do grande número de praças-fortes; e batalhas de cem mil homens [, ganhas sobre cem mil homens,] tinham como consequência a tomada de uma ou duas cidades; na campanha seguinte, o adversário, que tivera tempo de reparar as perdas, reaparecia, e punha-se em disputa aquilo que fora decidido no ano anterior. Em regiões onde haja muitas praças-fortes, exércitos que cobrem duas milhas de território farão guerra durante trinta anos e, se forem bem-sucedidos, como prêmio de vinte batalhas ganharão dez milhas de terreno.

Em regiões abertas, o desfecho de um combate ou de duas campanhas decide a sorte do vencedor e submete-lhe reinos inteiros. Alexandre, César[135], Carlos XII deviam sua

---

134. Correção: "talvez porque os soberanos têm em seus estados um poder mais despótico…". Bem saborosa é essa modificação de Voltaire, que não deixa de ser pitoresca, por se referir a um texto escrito por um príncipe.

135. Voltaire acrescenta aqui: "Gengis Khan."

O anti-Maquiavel

glória ao fato de terem encontrado poucas praças fortificadas nos territórios que conquistaram; o vencedor da Índia
só fez dois cercos em suas gloriosas campanhas; o árbitro
da Polônia não fez mais que isso. Eugênio, Villars, Marlborough, Luxembourg* eram *capitães bem diferentes de Carlos
e Alexandre*u, mas as fortalezas empanaram de alguma maneira o brilho de seus sucessos, [que, julgando-se com fundamento, são preferíveis aos de Alexandre e Carlos]. Os
franceses conhecem bem a utilidade das fortalezas, pois de
Brabante ao Delfinado há [como que] uma dupla cadeia de
praças-fortes; a fronteira da França, do lado da Alemanha, é
como uma garganta de leão aberta, que apresenta duas fi-
leiras de dentes ameaçadores [e temíveis, que parecem estar
querendo]v engolir tudo[136].

Isso basta para mostrar a grande utilidade das cidades
fortificadas.

....

* François Eugène, príncipe Eugênio de Savoia (1663-1736); Claude Lou-
is Hector de Villars, príncipe de Martigues, Marquês e Duque de Villars, Vis-
conde de Melun (1653-1734); John Churchill, 1º Duque de Marlborough, Príncipe de Mindelheim (1650-1722); François Henri de Montmorency-Bouteville,
duque de Piney, conhecido como Luxembourg (1628-1695) [N. da T.]

u. eram grandes capitães.

v. prestes a.

136. Esta última imagem denuncia a inveja do príncipe régio em relação
à França. Durante os anos que precederam o seu advento, o poderio da monarquia francesa foi uma de suas principais preocupações (ao lado do poderio
do Império). Pode-se acreditar que a partir daí nasceram em sua mente dois
projetos de reinado: abater o Império, abater a França.

Deve-se observar que, na segunda metade desse capítulo, somos afasta-
dos da refutação a Maquiavel. Passaremos a uma série de confidências sobre a
Europa contemporânea do príncipe, e esse desenvolvimento não perde em
interesse.

CAPÍTULO XXI

[Há diferença entre fazer barulho no mundo e alcançar a glória. O vulgo, que é mau apreciador de reputações, deixa-se facilmente seduzir pela aparência daquilo que é grande e maravilhoso, chegando a confundir boas ações com ações extraordinárias, riqueza com mérito, o que tem brilho com o que tem solidez. As pessoas esclarecidas e prudentes julgam de modo bem diferente; é prova dura passar pelo seu crivo: elas dissecam a vida dos grandes homens como os anatomistas dissecam os cadáveres. Examinam se sua intenção foi honesta, se foram justos, se fizeram mais mal do que bem aos homens, se sua coragem estava submetida à prudência ou se era um arroubo de temperamento; julgam os efeitos pelas causas, e não as causas pelos efeitos; não ficam deslumbradas por vícios brilhantes e só acham dignos de glória o mérito e a virtude.]

[O que Maquiavel acha grande e digno de reputação é o falso brilho que pode induzir em erro o julgamento do vulgo; ele atua no espírito do povo, do povo mais vil e abjeto; mas lhe será tão impossível quanto a Molière reunir essa maneira de pensar vulgar com a nobreza e o gosto das pessoas de bem; aqueles que sabem admirar o *Misantropo* desprezarão por isso *Scapino**.]

Esse capítulo de Maquiavel contém coisas boas e ruins. Ressaltarei primeiramente os erros de Maquiavel; confirmarei aquilo que ele diz de bom e louvável; em seguida arriscarei expor minha opinião sobre alguns assuntos que pertencem naturalmente a essa matéria[137].

....

* Referência a duas obras de Molière (Jean-Basptiste Poquelin, 1622-1673): o *Misantropo* e *As artimanhas de Scapino*. Em comparação com o *Misantropo*, *As artimanhas de Scapino* foi uma peça considerada vulgar na época. [N. da T.]

137. Eis aí, provavelmente, o único trecho em que Frederico reconhece algo de *bom* em Maquiavel. Não que às vezes ele não tenha concedido algu-

O anti-Maquiavel

O autor propõe a conduta de Fernando de Aragão e de Bernardo de Milão como modelo para aqueles que queiram distinguir-se por grandes atos e por ações raras e extraordinárias. Maquiavel procura o que há de maravilhoso na ousadia dos empreendimentos e na rapidez da execução. É[a] grandioso, convenham; mas só é louvável na medida em que o empreendimento do conquistador seja justo. "Tu, que te gabas de exterminar os ladrões – diziam os embaixadores citas a Alexandre –, tu és o maior ladrão da terra, pois pilhaste e saqueaste todas as nações que venceste. Se és um deus, deves fazer o bem aos mortais, e não lhes arrebatar o que têm; se és homem, pensa sempre naquilo que és."[138]

Fernando de Aragão não se limitava a simplesmente fazer guerra, mas usava a religião como véu para encobrir seus desígnios. [Se aquele rei era religioso, cometia uma profanação enorme, ao pôr a causa de Deus como pretexto para seus furores; se era incrédulo, agia como impostor, como trapaceiro, porque com sua hipocrisia desviava a credulidade dos povos, fazendo-a favorecer a sua ambição[139].]

[É bem perigoso para um príncipe ensinar aos súditos que é justo lutar por argumentos: significa, de alguma maneira indireta, tornar o clero senhor da guerra e da paz, árbitro do soberano e dos povos. O império do Ocidente

....

mas aprovações parciais e acordos tácitos; mas em todos os momentos passava a impressão de condenar a atitude geral de seu adversário. Aqui, antes de qualquer análise, faz-se uma separação entre o bom e o ruim, em que o bom subsiste, apesar de tudo. Valia a pena ressaltar essa nova atitude.

a. isso é grandioso.

138. Quinto Cúrcio, VII, 8.

139. Correção desse fim de parágrafo: "Burlava a fé dos juramentos, só falava de justiça e só cometia injustiças. Maquiavel louva nele tudo o que se costuma censurar." Voltaire eliminou completamente o parágrafo seguinte, que no entanto desenvolve uma de suas ideias mais prezadas: a separação entre o espiritual e o temporal, a luta contra o fanatismo. Provavelmente, considerou esse arrazoado inoportuno ou imprudente no momento.

deveu em parte sua perda às polêmicas religiosas, e na França, no reinado dos últimos Valois, assistiu-se a funestas consequências do espírito de fanatismo e falso fervor. A política de um soberano requer, parece-me, que ele não toque na lei de seus povos e, no que depender dele, reconduza o clero de seus Estados e seus súditos ao espírito de mansidão e tolerância. Essa política se coaduna não só com o espírito do Evangelho, que prega a paz, a humildade e a caridade para com os irmãos, como também é condizente com os interesses dos príncipes, pois, ao erradicarem o falso fervor e o fanatismo de seus Estados, eles afastam o tropeço mais perigoso em seu caminho, o obstáculo que mais deveriam temer; pois a fidelidade e a boa vontade do vulgo não resistem contra o furor da religião e o entusiasmo do fanatismo, que até mesmo abre os céus aos assassinos como prêmio de seus crimes e lhes promete a palma do martírio como recompensa de seus suplícios.]

[Portanto, nunca seria demais um soberano deixar claro o seu desprezo pelas frívolas polêmicas dos clérigos, que não passam de polêmicas de palavras, e nunca seria demais a atenção que ele desse ao abafamento cabal da superstição e dos furores religiosos que ela traz consigo.]

Maquiavel aduz, em segundo lugar, o exemplo de Bernardo de Milão, para insinuar aos príncipes que eles devem recompensar e punir de maneira vistosa, para que todas as suas ações tragam impresso o caráter de grandeza. Os príncipes generosos não deixarão de ter reputação, principalmente quando sua liberalidade é[b] consequência da magnanimidade, e não do amor-próprio.

Pela bondade [de coração] podem ser considerados maiores do que por todas as outras virtudes. Cícero dizia a César: "Não tens nada maior em tua fortuna do que o poder

....

b. for.

130

O anti-Maquiavel

de salvar tantos cidadãos, nem nada mais digno de tua bondade do que a vontade de fazê-lo"[140]. Portanto, seria preciso que as punições infligidas por um príncipe sempre estivessem abaixo da ofensa, e que as recompensas dadas por ele sempre estivessem acima do serviço prestado.

Mas eis uma contradição: o doutor da política quer, nesse capítulo, que os príncipes mantenham suas alianças, enquanto no capítulo dezoito ele os desonerava[c] formalmente da palavra dada. Parecem aqueles ledores de sorte que dizem branco a uns e preto a outros.

Embora raciocine mal sobre todas as coisas que acabamos de apontar, Maquiavel fala de modo pertinente sobre a prudência que os príncipes devem ter em não se comprometerem levianamente com outros príncipes mais poderosos que, em vez de os socorrer, poderiam arruiná-los[d].

Tais coisas eram do conhecimento de um grande príncipe da Alemanha, estimado tanto por amigos quanto por inimigos. Os suecos entraram em seus Estados quando ele estava longe com todas as suas tropas para socorrer o Imperador no Baixo Reno, na guerra que este travava contra a França. Os ministros daquele príncipe, ao saberem daquela irrupção súbita, aconselharam-no a chamar o czar da Rússia em seu socorro. Mas aquele príncipe, mais perspicaz do que eles, respondeu que os moscovitas eram como ursos que não deviam ser desacorrentados, pois havia o risco de não quererem voltar a usar suas correntes [caso se desvencilhassem delas]; assumiu generosamente a tarefa da vingança e não teve motivos para arrepender-se[141].

....

140. *Pro Ligario*, capítulo XII.

c. desonera.

d. esmagá-los.

141. Essa história, que põe em cena o grande eleitor de Brandemburgo, parece inventada quase inteiramente. Na realidade, Frederico Guilherme pediu o apoio do czar e não o obteve. Em suas *Memórias para a história de Bran-*

Se me fosse dado viver nos tempos futuros, sem dúvida prolongaria este artigo com algumas reflexões que poderiam ser aqui cabíveis; mas não me compete de[e] julgar a conduta dos príncipes modernos, e no mundo é preciso saber falar e calar-se na hora certa.

O assunto da neutralidade é tratado por Maquiavel com a mesma pertinência dos compromissos dos príncipes. A experiência tem demonstrado há muito tempo que um príncipe neutro expõe seu país às injúrias das duas partes beligerantes, que seus Estados se tornam teatro da guerra, e que com a neutralidade ele sempre perde sem ter nunca nada de sólido para ganhar.

Há duas maneiras pelas quais um soberano[f] pode engrandecer-se: uma é a da conquista, quando um príncipe guerreiro, com a força de suas armas, amplia os limites de seus domínios; a outra é a da atividade[g], quando um príncipe laborioso faz prosperar em seus Estados todas as artes e todas as ciências que os tornam mais poderosos e civilizados.

Todo esse livro está cheio de arrazoados sobre aquela primeira maneira de engrandecer-se: diremos alguma coisa sobre a segunda, mais inocente e justa que a primeira e tão útil quanto ela.

As artes mais necessárias à vida são: agricultura, comércio e manufaturas; as ciências[h] que honram mais o espírito humano são: geometria, filosofia, astronomia, eloquência, poesia[142] e [tudo] o que se entende com o nome de belas-artes.

....

demburgo, Frederico omite esse fato, o que parece indicar que percebeu o erro cometido em *Anti-Maquiavel* e não ousou dizer o contrário.

e. não me compete.

f. príncipe.

g. a do bom governo.

h. as.

142. Voltaire acrescenta: "pintura, música, escultura, arquitetura, gravura".

O anti-Maquiavel

Como todos os países são muito diferentes, há aqueles nos quais o forte é a agricultura; em outros, a vindima; em outros, as manufaturas; e em outros, o comércio; essas artes chegam até a prosperar juntas em alguns países.

Os soberanos que optarem por essa maneira amena e amável de se tornarem mais poderosos serão obrigados a estudar principalmente a constituição de seu país, para saberem quais dessas artes serão mais aptas a produzir melhores resultados; por conseguinte, quais deverão incentivar mais. Os franceses e os espanhóis perceberam que lhes faltava comércio, e, por essa razão, meditaram sobre o meio de arruinar o comércio dos ingleses. Se a França tiver sucesso[i], *a perda do comércio da Inglaterra*[j] aumentará seu poderio muito mais do que conseguiria com a conquista de vinte cidades e mil aldeias; e a Inglaterra e a Holanda, os dois países mais belos e ricos do mundo, definharão sem perceber, como um doente que morre [héctico ou] de consunção.

Os países nos quais o trigo e as vinhas constituem as maiores riquezas têm duas coisas para observar: uma é arrotear suas próprias terras, para tirarem proveito de todas as mínimas glebas; a outra é esmerar-se no escoamento maior e mais amplo, nos meios de transportar as mercadorias por um custo melhor[k] e nas possibilidades de vendê-las por preço mais baixo.

Quanto às manufaturas de todas as espécies, talvez sejam elas as coisas mais úteis e lucrativas para um Estado, pois com elas é possível prover às necessidades e ao luxo dos habitantes, enquanto os vizinhos são até mesmo obrigados a pagar tributo à vossa indústria; por um lado, elas im-

....

i. se tiverem sucesso.
j. a França.
k. por um custo menor.

pedem que o dinheiro saia do país e, por outro, trazem-no para dentro[143].

Sempre estive convencido de que a falta das[l] manufaturas causaram em parte aquelas prodigiosas emigrações dos países do Norte, dos godos, dos vândalos que inundaram com tanta frequência os territórios meridionais. Naqueles tempos recuados, na Suécia, na Dinamarca e em grande parte da Alemanha a única arte conhecida era a agricultura[m]; as terras lavráveis estavam divididas entre certo número de proprietários que as cultivavam, e só a estes elas garantiam subsistência.

Mas, como a raça humana em todos os tempos foi muito fecunda naqueles países[n] frios, havia duas vezes mais habitantes num território do que este era capaz de alimentar com a lavoura; *os filhos mais novos das boas famílias*[o] formavam grupos e *tornavam-se aventureiros inescrupulosos*[p] por necessidade, assolavam outras regiões e desapossavam os proprietários. Por isso, [na história do] no império do Oriente e do Ocidente, percebe-se que aqueles bárbaros, em geral, só procuravam campos para cultivar, a fim de proverem à sua subsistência. Os países do Norte não são menos povoados do que eram então; mas, como o luxo

....

143. Frederico escreve em outro lugar: "Quando um país tem pouca produção para exportar e se vê na necessidade de recorrer à indústria de seus vizinhos, a balança de comércio acaba por lhe ser desfavorável [...] Para obviar a esse inconveniente, não há outro meio senão o de aumentar as manufaturas [...]" (*Memórias desde a paz de Hubertusburg*, cap. II.)

E foi isso o que Frederico fez na Prússia depois de Hubertusburg. Em 1773, já havia 264 novas fábricas. Temos aí um princípio *de autarquia* bem notável, por certo uma das preocupações mais sinceras e eficazes do rei.

l. de.

m. a agricultura ou a caça.

n. climas.

o. dos indigentes.

p. eram bandidos ilustres.

multiplicou sabiamente[q] nossas necessidades, surgiram manufaturas e todas aquelas artes que proporcionam a subsistência de povos inteiros; caso contrário, estes seriam obrigados a procurar a subsistência em outros lugares.

Portanto, essas maneiras de obter a prosperidade de um Estado se assemelham a talentos que, confiados à sabedoria do soberano, são por ele postos em uso e valorizados. A marca mais segura de que um país é feliz[r], [abundante e rico] sob um governo sábio é quando as belas-artes [e as ciências] nascem em seu seio: são flores que brotam de um terreno fértil e sob um céu feliz, mas que a seca ou o sopro [impetuoso] dos aquilões faz perecer.

Nada ilustra mais um reino do que as artes que florescem sob sua proteção. O século de Péricles é tão famoso [por Fídias, Praxíteles e tantos outros grandes homens][s] que viviam em Atenas quanto pelas batalhas que aqueles mesmos atenienses venceram[t] então. O de Augusto é mais conhecido por Cícero, Ovídio, Horácio e Virgílio do que pelas proscrições daquele cruel imperador que, afinal, deve grande parte de sua reputação à lira de Horácio. O de Luís, o Grande, é mais célebre por Corneille, Racine, Molière, Boileau, Descartes, [Coypel], Le Brun, Ramondon[u], do que por aquela passagem do Reno tão exagerada, por aquele assédio [de Mons] em que Luís esteve pessoalmente, e pela batalha de Turim, que o Sr. de Marsin fez o duque de Orléans perder por ordem do gabinete.

Os reis honram a humanidade quando distinguem e recompensam aqueles que lhe dão mais motivo de honra;

....

q. felizmente.

r. de que um país está sob um governo sábio e feliz.

s. pelos grandes gênios.

t. que os atenienses travaram.

u. Girardon.

[e quem seriam, a não ser]ᵛ os espíritos superiores que se empenham em aperfeiçoar nossos conhecimentos, que se dedicam ao culto da verdade, [e que desprezam o que têm de material para tornar mais aperfeiçoada em si mesmos a arte do pensamento? Assim como esclarecem o universo, os sábios merecem ser seus legisladores].

Felizes são os soberanos que cultivam pessoalmente essas ciências, que pensam como Cícero, cônsul romano, libertador de sua pátria e pai da eloquência: "As letras formam a juventude e constituem os encantosʷ da idade avançada. A prosperidade com elas é mais brilhante; a adversidade delas recebe consolações; e em nossas casas, nas casas dos outros, nas viagens, na solidão, a qualquer momento, em todos os lugares, elas são a beleza de nossa vida."[144]

Lourenço de Medici, o maior homem de sua nação, era pacificador da Itália e restaurador das ciências; sua probidade angariou a confiança geral de todos os príncipes; e Marco Aurélio, um dos maiores imperadores de Roma, era não menos bem-sucedido como guerreiro do que sábio filósofo e unia a prática mais severa da moral à profissão que dela fazia. Terminemos com as seguintes palavras: "Um rei conduzido pela justiça tem o universo como templo, e os homens de bem são seus sacerdotes e sacrificantes."[145]

....
v. e quando incentivam.

w. o encanto.

144. *Pro Archia*, capítulo VII. A tradução dada por Frederico é de Voltaire na Epístola a Madame du Châtelet (encabeçando *Alzire*).

145. Esta última página é declamatória, e recaímos no clichê. Mas as páginas anteriores não deixam de ter pertinência; têm o mérito de enfatizar as questões econômicas, pelas quais Maquiavel não se interessou; e talvez esteja aí, num terreno mais realista, o melhor da refutação ao ponto de vista estritamente pessoal do *Príncipe*.

CAPÍTULO XXII

Há duas espécies de príncipe no mundo [a saber]: aqueles que veem tudo com seus próprios olhos e governam eles mesmos[a] os seus Estados; e aqueles que se apoiam na boa-fé de seus ministros e se deixam governar por aqueles que ganharam ascendência sobre seu espírito.

Os soberanos da primeira espécie são como a alma de seus Estados: o peso de seu governo pesa[b] somente sobre eles, assim como o mundo sobre os ombros de Atlas; cuidam dos assuntos internos assim como dos externos; [todas as ordens, todas as leis, todos os editos emanam deles, e] eles ocupam ao mesmo tempo os postos de primeiro magistrado da justiça, general dos exércitos, intendente das finanças[c] [, *grosso modo,* tudo o que pode ter relação com a política]. A exemplo de Deus, que se vale de inteligências superiores ao homem para executar suas vontades, eles contam com inteligências penetrantes e laboriosas para executar seus desígnios e preencher com pormenores aquilo que projetaram de modo genérico; seus ministros são propriamente ferramentas[d] nas mãos de um mestre[e] prudente e hábil.

Os soberanos do segundo tipo [estão como que mergulhados num defeito de *temperamento* ou numa indolência natural, numa indiferença letárgica, e é preciso chamar à vida corpos desmaiados com o uso de odores fortes, alcoólicos e balsâmicos. Do mesmo modo, é preciso que um Estado que tenha caído na pasmaceira pela fraqueza do soberano seja sustentado pela sabedoria e pela vivacidade de

....

a. pessoalmente.
b. repousa.
c. grande tesoureiro.
d. instrumentos.
e. operário.

Frederico II

um ministro capaz de compensar os defeitos de seu senhor. Nesse caso, o príncipe não passa de órgão de seu ministro e no máximo serve para representar diante do povo o fantasma inútil e a majestade régia; e sua pessoa é tão desnecessária ao Estado quanto é necessária a pessoa do ministro. Entre os soberanos da primeira espécie, a boa escolha dos ministros pode facilitar o trabalho, mas sem influir muito na felicidade do povo; entre os da segunda espécie, o bem-estar do povo e o deles mesmos dependem da boa escolha dos ministros[146].]

[Não é tão fácil quanto se pensa para um soberano aprofundar-se no caráter daqueles que ele queira empregar nos diversos assuntos; pois para os particulares é tão fácil disfar-

....

146. Voltaire elimina o trecho satírico sobre "os soberanos do segundo tipo", bem como os parágrafos seguintes, e escreve:

"Os soberanos do segundo tipo, não tendo recebido os mesmos talentos da Providência, podem compensar isso com uma escolha bem-feita.

"O rei que tem saúde bastante, órgãos vigorosos e ao mesmo tempo delicados o suficiente para suportar o penoso trabalho de gabinete faltará ao seu dever se adotar um primeiro-ministro; mas creio que um príncipe que não tenha esses dons por natureza falhará consigo e com seu povo se não se valer de todo a direito que tem de escolher um homem prudente, que carregue um fardo cujo peso seria excessivo para seu senhor. Nem todos têm talentos, mas qualquer um terá discernimento bastante para reconhecê-los em outrem e fazer uso deles. A ciência mais universal dos homens consiste em distinguir com bastante rapidez o alcance do gênio alheio; qualquer mau artista julga perfeitamente bem os maiores mestres. Os mais ínfimos soldados conhecem todo o valor dos seus oficiais; os maiores ministros são apreciados por seus subalternos. Um rei, portanto, seria bem cego se não enxergasse o gênio daqueles que ele emprega. Não é fácil conhecer de repente toda a extensão da probidade deles; um ignorante não pode ocultar sua ignorância; mas um hipócrita pode enganar um rei durante muito tempo, pois tem grande interesse em enganá-lo e cercá-lo com seus artifícios."

Voltaire decerto escreve esse texto mais amenizado para evitar interpretações problemáticas na França, mas também por preocupação com o realismo e a relatividade. As afirmações altivas de Frederico, embora desconsiderem demais esses aspectos do problema, têm a vantagem de retratar seu caráter e seus projetos ambiciosos de príncipe herdeiro.

çar seus sentimentos diante de seus senhores quanto para os príncipes é difícil dissimular seu íntimo para o público.]

[Ocorre com o caráter das pessoas da corte o mesmo que com o rosto das mulheres maquiadas: com a ajuda do artifício, consegue-se perfeitamente a aparência que se queira. Os reis nunca veem os homens tais quais são em seu estado natural, mas como querem aparecer. Um homem que estiver na missa no momento da consagração, um cortesão que estiver na corte em presença do príncipe serão diferentes daquilo que são entre amigos; e aquele que se pode considerar um Catão na corte será visto como um Anacreonte na cidade; o prudente em público é insensato em sua casa, e aquele que propaga alto e bom som a própria virtude sente no recesso o vergonhoso desmentido de seu coração.]

[Isto não passa de um quadro da dissimulação comum; mas que dizer quando o interesse e a ambição entram em jogo, quando um posto vacante é cobiçado com a mesma avidez com que Penélope era cobiçada por seu numeroso séquito de admiradores! A cobiça do cortesão aumenta a sua assiduidade junto ao príncipe e suas atenções para com este; emprega ele todas as vias de sedução que seu espírito possa sugerir para tornar-se agradável; ele adula o príncipe, adota seus gostos, aprova suas paixões: é um camaleão que assume todas as cores que reflete.]

[Afinal,] se Sisto V conseguiu enganar sessenta e seis cardeais que deviam conhecê-lo, muito mais fácil será a um particular burlar a sagacidade do soberano ao qual faltaram ocasiões para aprofundar-se nele[f]!

Um príncipe inteligente pode julgar sem dificuldade o gênio e a capacidade daqueles que o servem; mas é quase impossível julgar bem o desinteresse e a fidelidade deles

---

f. conhecê-lo bem.

Frederico II

[, pois em geral a política dos ministros consiste em ocultar principalmente suas práticas e suas manobras daquele que tem o direito de puni-los, caso ficasse sabendo delas].

Muitas vezes vimos homens que pareciam virtuosos por falta de ocasiões para revelar-se, mas que renunciaram à honestidade assim que sua virtude foi posta à prova. Em Roma, não se falava mal de Tibério, Nero, Calígula antes que eles subissem ao trono; talvez a canalhice deles tivesse ficado em estado bruto[g], caso não tivesse sido posta em prática pela ocasião que [, por assim dizer,] desenvolveria o germe de sua maldade.

Há homens que à inteligência, à versatilidade e aos talentos associam a alma mais negra e ingrata; há outros que possuem _todas as qualidades do coração sem o instinto vivaz e brilhante que caracteriza o gênio_[h].

Os príncipes prudentes em geral deram preferência, para trabalhar no interior do país, àqueles nos quais prevaleciam as qualidades do coração. Ao contrário, preferiram aqueles que tinham mais vivacidade e fogo[i] para servirem em negociações. [Suas razões decerto foram que,] para manter a ordem e a justiça dentro dos Estados, basta a honestidade, e [, para seduzir os vizinhos com argumentos especiosos, empregar o caminho da intriga e muitas vezes da corrupção nas missões estrangeiras[147],] percebe-se que a probidade não é tão necessária quanto a perspicácia.

Parece-me que nunca é demais um príncipe recompensar a fidelidade daqueles que o servem com zelo; existe em nós certo sentimento de justiça que nos leva ao reconhecimento, e é preciso segui-lo. Mas, por outro lado, os interesses dos grandes exigem em absoluto que recompensem

....
g. ficado sem efeito.
h. um coração bom e generoso.
i. mais versatilidade.
147. Correção: "e se for preciso persuadir os vizinhos e fazer intrigas...".

_____O *anti-Maquiavel*_____

com generosidade tanto quanto punem com clemência; pois os ministros que perceberem que sua virtude é[j] instrumento de sua fortuna sem dúvida não recorrerão ao crime e preferirão naturalmente as boas ações de seu senhor às corrupções estrangeiras.

Portanto, os caminhos da justiça e da sabedoria mundana coincidem perfeitamente nesse assunto, e é imprudente e duro, por falta de recompensa e generosidade, submeter a uma prova perigosa a lealdade dos ministros.

Há príncipes que incidem *num defeito totalmente contrário aos seus verdadeiros interesses*[k]: mudam de ministros com uma leviandade infinita e punem com excessivo rigor as mínimas irregularidades da conduta deles.

Os ministros que trabalham imediatamente sob as ordens do príncipe, depois de passar algum tempo no posto[l], não poderiam ocultar-lhe totalmente seus defeitos; quanto mais sagaz for o príncipe, mais facilmente os perceberá.

Os soberanos que não são filósofos logo se impacientam; revoltam-se com as fraquezas dos que os servem, negam-lhes suas graças e logo os perdem.

Os príncipes que raciocinam mais profundamente conhecem melhor os homens: sabem que eles são todos marcados pelo cunho da humanidade, que não há nada perfeito neste mundo, que as grandes qualidades são, por assim dizer, contrabalançadas por grandes defeitos, e que o homem de gênio deve tirar proveito de tudo. Por isso, a menos que haja prevaricação, conservam seus ministros com suas boas e más qualidades e preferem os que já conhecem mais profundamente aos novos que possam vir a surgir, mais ou menos como os músicos hábeis preferem tocar[m] instru-

....

j. será.
k. outro defeito também perigoso.
l. no cargo.
m. tocar com.

mentos cujos pontos fortes e fracos já conhecem a aqueles[n] cuja qualidade lhes é desconhecida[148].

CAPÍTULO XXIII

Não há livro de moral ou de história no qual não se repreenda[a] a fraqueza dos príncipes diante da adulação. O desejo é que os reis apreciem a verdade, que seus ouvidos se acostumem a ouvi-la, e nisso se tem razão; mas, como é o costume dos homens, há também o desejo de coisas contraditórias. [Como o amor-próprio é o princípio de nossas virtudes, por conseguinte da felicidade do mundo,] quer-se que os príncipes o tenham[b] em grau suficiente *para tornar--se susceptíveis à bela glória, para incentivar suas grandes ações*[149], e que, ao mesmo tempo, eles sejam indiferentes [consigo mesmos] o suficiente para renunciar de livre e espontânea vontade ao pagamento de seus trabalhos; o mesmo princípio deve levá-los a merecer louvores e a desprezá--los. Isso é pretender muito da humanidade. [No entanto, se há algum motivo que possa encorajar os príncipes a combater os atrativos da adulação, é a ideia vantajosa que se tem de seu mérito, bem como a suposição natural de que eles

....

n. tocar em instrumentos novos.

148. Esse foi um capítulo no qual, extraordinariamente, Frederico não atacou Maquiavel. Limitou-se a completar suas indicações e a expor suas preferências e o resultado de sua experiência precoce. Apenas de vez em quando há alguma alusão a princípios morais; o conjunto é nitidamente dominado pelo realismo do poder. Como se vê, ao ir avançando (e ajudado nisso pelas reflexões menos provocativas de Maquiavel), Frederico interessa-se pela questão fundamental e deixa de lado a refutação e a declamação em favor das confidências.

a. censure.

b. tenham amor-próprio.

149. Correção: "para amar a glória, para praticar grandes ações".

O anti-Maquiavel

devem ter sobre si mesmos mais poder ainda do que sobre os outros[150].]

Os príncipes insensíveis à própria reputação não passaram de indolentes ou voluptuosos entregues à apatia; eram massas de uma matéria vil [e abjeta,] animada por virtude[c] nenhuma. É verdade que alguns tiranos crudelíssimos amaram o louvor; neles esse era um refinamento da vaidade[d], [ou melhor,] um vício a mais; queriam a estima [dos homens, mas negligenciavam ao mesmo tempo o único caminho para tornar-se dignos dela[151]].

Nos príncipes viciosos, a adulação é um veneno mortal que multiplica as sementes de sua corrupção; nos príncipes meritórios, a adulação é como uma ferrugem que adere à sua glória, diminuindo-lhe o brilho. Todo homem inteligente revolta-se contra a adulação grosseira; rejeita o adulador[e] [que canhestramente lhe passa incenso no rosto. Uma pessoa precisa ter credulidade infinita sobre a boa opinião que os outros têm sobre ela para tolerar o louvor exagerado; seria até preciso que essa credulidade fosse supersticiosa; esse tipo de louvor é o menos temível para os grandes homens, pois não é a linguagem da convicção]. Há outra espécie de adulação: ela é a sofista dos defeitos [e dos vícios]; sua retórica diminui[f] [e reduz tudo o que seu objeto tem de ruim, elevando-o à perfeição por esse caminho indireto.]

....

150. Correção deste fim de parágrafo: "todos lhe fazem a honra de supor que eles devem ter sobre si mesmos mais poder ainda do que sobre os outros. *Contemptus virtutis ex contemptu famae*. A citação latina é de Tácito (*Anais*, IV, 38), que disse exatamente: *contemptu famae contemni virtutes*, o que equivale mais ou menos à mesma coisa: "O desprezo à glória leva a desprezar os atos valorosos."

c. que nenhuma virtude conseguia animar.

d. de uma vaidade odiosa.

151. Correção: "merecendo o opróbrio".

e. adulador canhestro.

f. os diminui.

Frederico II

É ela que fornece argumentos às paixões, que dá à crueldade[g] o caráter de justiça, que dá[h] semelhança tão perfeita entre liberalidade e desperdício, que todos se confundem, cobrindo as devassidões com o véu da diversão e do prazer; amplifica mesmo os vícios estrangeiros[i], para com eles erigir um troféu aos vícios de seu herói; [desculpa tudo, justifica tudo]. A maioria dos homens deixa-se enganar por essa adulação que justifica seus gostos[152] [e suas inclinações. É preciso, com mão ousada, empurrar a sonda até o fundo das próprias feridas para conhecê-las bem, é preciso ter a firmeza de reconhecer os próprios defeitos e saber que é preciso corrigi-los, para resistir ao mesmo tempo ao advogado insinuante de suas paixões e combatê-las pessoalmente. No entanto, há príncipes dotados de uma virtude suficientemente viril para desprezar esse tipo de adulação; têm perspicácia suficiente para perceber a serpente peçonhenta que rasteja sob as flores; e, sendo inimigos natos da mentira, não a suportam nem mesmo naquilo que possa agradar a seu amor-próprio e naquilo que afague mais a sua vaidade.]

[Quanto mais odeiam a mentira, mais amam a verdade, e] não poderiam ter um rigor semelhante[j] para com aqueles que lhes atribuem o bem de que estão convencidos. A adulação fundamentada em base sólida é a mais sutil de todas; é preciso ter fino discernimento para perceber os matizes que ela acrescenta à verdade. Esse tipo de adulação não fará um rei ser acompanhado às trincheiras por poetas que virão a ser historiadores [e testemunhos de seu valor]; não comporá prólogos de óperas cheios de hipérboles, prefá-

....
g. austeridade.

h. confere.

i. sobretudo os vícios dos outros.

152. Acréscimo que substitui toda a sequência do parágrafo: "e que não é total mentira".

j. rigor.

_____O anti-Maquiavel_____

cios enfadonhos e epístolas subservientes; não enfastiará um herói com a narrativa de suas próprias vitórias[k]; mas assumirá ares de sentimento, preparará delicadamente seus espaços[l] *e terá as qualidades do epigrama*[153]. Como um grande homem, como um herói, como um príncipe inteligente pode agastar-se ao ouvir uma verdade que a vivacidade de um amigo *que realmente a sentia deixou escapar?*[154] [Seria pedantismo de modéstia escandalizar-se, e o espírito do pensamento serve de veículo ao louvor[155].]

Os príncipes que foram homens antes de tornar-se reis podem lembrar-se daquilo que foram e não se acostumam com tanta facilidade aos alimentos da adulação. Aqueles que reinaram a vida inteira sempre foram nutridos pelo incenso como os deuses, e morreriam de inanição se lhes faltassem louvores.

Portanto, seria mais justo, parece-me, lamentar os reis mais que do que condená-los; são os aduladores, e, mais ainda que estes, os caluniadores que merecem a condenação e o ódio do público, assim como todos aqueles que são suficientemente inimigos dos príncipes para disfarçar a verdade diante deles[156].

....
k. com a narrativa empolada de suas vitórias.
l. entradas em cena.
153. Correção: "parecerá franca e ingênua".
154. Correção: "parece deixar escapar".
155. Voltaire substitui essa observação com uma anedota: "Como Luís XIV, percebendo que sua simples aparência impunha respeito aos homens e comprazendo-se nessa superioridade, poderia zangar-se com um velho oficial que, tremendo e gaguejando ao falar com ele, interrompeu o que dizia para acrescentar: 'Majestade, pelo menos não tremo assim diante de vossos inimigos'?"
156. Acréscimo: "Mas é preciso distinguir adulação de louvor. Trajano era encorajado à virtude pelo panegírico de Plínio, Tibério era confirmado no vício pelas adulações dos senadores."
Esse capítulo não contradiz Maquiavel. A ressalva do início sobre o caráter estimulante e tônico dos louvores é uma observação psicológica sutil que não enfraquece a crítica à adulação. E a sequência apresenta uma análise

CAPÍTULO XXIV

A fábula de Cadmo, que semeou no chão os dentes de uma serpente que acabava de submeter[a], dos quais nasceu um povo de guerreiros que se destruíram mutuamente[157], [convém perfeitamente ao assunto desse capítulo. Essa fábula engenhosa é emblema da ambição, da crueldade e da perfídia dos homens, que no fim sempre lhes é funesta. Foram a ambição ilimitada e a crueldade dos príncipes da Itália que os transformaram no horror do gênero humano; foram] as perfídias e traições que cometeram uns contra os outros [que] arruinaram seus negócios. Basta ler a história da Itália do fim do século XIV até o começo do XV: nada mais há que crueldades, sedições, violências, alianças para a destruição mútua, usurpações, assassinatos, em suma, um enorme amontoado de crimes que só de pensar [e retratar] inspira horror [e aversão].

Se, a exemplo de Maquiavel, tivéssemos a ideia de destruir a justiça e a humanidade, subverteríamos [sem a menor dúvida] todo o universo; [ninguém se contentaria com os bens que possuísse, todos invejariam os bens alheios, e, como nada poderia detê-los, todos usariam os meios mais hediondos para satisfazer a própria cupidez. Um engoliria os bens dos seus vizinhos, outro viria após este e o despojaria por sua vez; não haveria segurança alguma para ninguém, o direito do mais forte seria a única justiça da terra, e] semelhante inundação de crimes[b] reduziria em breve este

---

....

matizada da arte de adular, que só pode confirmar o tema geral. Portanto, Frederico continua a pautar-se estritamente por Maquiavel com um comentário judicioso.

a. vencer.

157. Resumo da sequência: "é o emblema daquilo que eram os príncipes italianos no tempo de Maquiavel".

b. a inundação dos crimes.

continente a um vasto [e triste] ermo. [Portanto,] foram a iniquidade e a barbárie dos príncipes da Itália que fizeram que eles perdessem[c] seus Estados, assim como os falsos princípios de Maquiavel levarão à perdição indubitável todos aqueles que cometerem a loucura de segui-los.

Não uso meias palavras: a covardia de alguns daqueles príncipes da Itália, aliada à malvadeza deles, pode ter concorrido para sua ruína; a fraqueza dos reis de Nápoles, está claro, arruinou os seus negócios. Mas, ainda que em política me digam aquilo que quiserem, argumentem, criem sistemas, aduzam exemplos, empreguem todas as sutilezas dos sofistas, quem o fizer sempre será obrigado a voltar à justiça, mesmo a contragosto, [a menos que esteja disposto a contrariar o bom-senso. O próprio Maquiavel nada mais faz do que criar uma algaravia lamentável quando quer ensinar outras máximas e, apesar de tudo o que fez, não conseguiu submeter a verdade a seus princípios. O início desse capítulo é uma peça constrangedora para esse político; sua maldade o levou para um labirinto no qual seu espírito procura em vão o fio maravilhoso de Ariadne para escapar].

Pergunto [humildemente] a Maquiavel o que ele pretendeu dizer[d] com as seguintes palavras: "Quando observam prudência e mérito num soberano novo no trono (o que significa: num usurpador), os homens se apegam muito mais a ele do que àqueles cuja grandeza só se deve ao nascimento. A razão disso é que se é muito mais tocado pelo presente do que pelo[e] passado e, encontrando-se o que satisfaça, não se vai adiante."

Acaso Maquiavel suporá que, entre dois homens igualmente valorosos e inteligentes[f], o povo preferirá o usurpa-

....
c. que os fizeram perder.
d. o que ele quer dizer.
e. *omitida nessa tradução*.
f. prudentes.

Frederico II

dor ao príncipe legítimo? Ou dirá isso a respeito de um soberano sem virtudes e de um rapinador valente e cheio de capacidade? Não é possível que a suposição do autor seja a primeira; ela se opõe às noções mais corriqueiras de bom-senso: seria um efeito sem causa a predileção de um povo por um homem que tivesse cometido uma ação violenta para se tornar senhor e, por outro lado, não tivesse nenhum mérito preferível ao de um soberano legítimo. [Maquiavel, nem mesmo fortalecido por todos os sorites dos sofistas e pelo próprio asno de Buridan, digamos, será capaz de me dar a solução desse problema.]

Não se trataria tampouco da segunda suposição, pois, [ela é tão frívola quanto a primeira;] sejam quais forem as qualidades atribuídas a um usurpador, todos hão de convir que a ação violenta com a qual ele obtém o poder é uma injustiça. [Ora,] o que se pode esperar de um homem que comece com o crime, senão um governo tirânico e violento? Ocorreria o mesmo com um homem que se casasse, _e fosse metamorfoseado em Actéon pela_ mulher[158] no próprio dia das núpcias: acredito que não seria um bom augúrio da fidelidade[g] de sua esposa, _depois da amostra que ela tivesse dado de sua inconstância_[h].

Maquiavel profere condenação[i] [a seus próprios princípios] nesse capítulo; [pois] diz claramente que, sem o amor dos povos, sem a afeição dos poderosos e sem um exército bem disciplinado, é impossível um príncipe manter-se no trono. A verdade parece obrigá-lo a prestar-lhe[j] essa homenagem, mais ou menos como os teólogos afir-

---

158. Correção: "que fosse vítima de uma infidelidade da mulher...". Voltaire prefere a palavra direta a uma perífrase de tom desrespeitoso.

g. virtude.

h. pelo resto da vida.

i. sua condenação.

j. a prestar.

_____O anti-Maquiavel_____

mam sobre os anjos malditos, que reconhecem um Deus, mas se revoltam[k].

[Vejamos no que consiste a contradição:] para ganhar a afeição dos povos e dos poderosos, é preciso ter um cabedal [de probidade e] de virtude; é preciso que o príncipe seja humano e benfazejo, e que, com essas qualidades do coração, encontre em si capacidade para desincumbir-se das penosas funções de seu cargo [com sabedoria, para que os outros possam ter confiança nele. Que contraste entre essas qualidades e as que Maquiavel atribui a seu príncipe[159]!] Para ganhar os corações é preciso ser como eu acabo de dizer, e não como Maquiavel ensina ao longo dessa obra: injusto, cruel, ambicioso e unicamente preocupado com o próprio engrandecimento.

É assim que se pode desmascarar esse político que seu século fez passar por grande homem, que muitos ministros reconheceram ser perigoso, mas acataram, político cujas abomináveis máximas foram inculcadas nos príncipes, a quem ninguém ainda respondera formalmente[160], [ainda] acatado por muitos políticos, que não querem ser acusados de fazê-lo.

....

k. blasfemam contra ele.

159. Voltaire desenvolve esse trecho: "Com esse cargo ocorre como em todos os outros; os homens, seja lá o emprego que exercerem, nunca obterão confiança se não forem justos e esclarecidos. Os mais corrompidos sempre desejam lidar com um homem de bem, assim como os mais incapazes de governar-se recorrem àquele que é visto como mais prudente. Como assim! O menor dos burgomestres, o menor dos almotacés de uma cidade precisarão ser honestos e laboriosos se quiserem ter sucesso, e a realeza será o único emprego no qual o vício é permitido!"

160. Frederico reivindica, portanto, o mérito de ter sido o primeiro a refutar Maquiavel "formalmente". A pretensão parece grande, mas não deixa de ter fundamento, uma vez que seu trabalho leva em conta elementos reais e segue passo a passo a ordem dos capítulos; a maioria das refutações anteriores, mesmo a de Gentillet, eram amplas dissertações que partiam de princípios religiosos e condenavam o ateísmo de Maquiavel. Frederico pelo menos demonstra mais método.

Feliz será aquele que puder destruir inteiramente o maquiavelismo no mundo! Mostrei sua inconsequência; cabe àqueles que governam *o universo dar exemplos de virtude aos olhos do mundo*[161]. [Ouso dizer,] são obrigados a curar o público da falsa ideia em que ele[l] está acerca da política, que é propriamente[m] o sistema da sabedoria [dos príncipes], mas, desconfiamos, comumente não passa de breviário da trapaça [e da injustiça]. Cabe a eles banir as sutilezas e a má-fé dos tratados e revigorar a honestidade e a candura que, é verdade, já não se encontram[n] entre os soberanos. Cabe a eles mostrar que são pouco cobiçosos das províncias de seus vizinhos e muito ciosos da conservação de seus próprios Estados. [Os soberanos são respeitados, esse é um dever e até uma necessidade; mas seriam amados se, menos ocupados em aumentar seus domínios, se empenhassem mais em bem reinar. Um é efeito de uma imaginação que não consegue fixar-se; outro é uma marca de um espírito justo, que apreende a verdade e prefere a solidez do dever ao brilho da vaidade.] O príncipe que quer possuir tudo é como um estômago que se sobrecarrega [gulosamente] de comida, sem pensar que não poderá digerir. O príncipe que se limita a governar bem é como um homem que come frugalmente e cujo estômago digere bem.

CAPÍTULO XXV

A questão da liberdade do homem é um desses problemas que esgotam os recursos da razão dos filósofos e fre-

---

161. Correção: "cabe àqueles que governam a terra convencê-la com seus exemplos".

l. se.

m. que deve ser.

n. quase não se encontram.

quentemente arrancam anátemas da [bendita] boca dos teólogos. Os partidários da liberdade dizem que, se os homens não são livres, é Deus que age neles; que é Deus que, por meio da ação dos homens, comete assassinatos, roubos e todos os crimes, o que [porém] é claramente oposto à santidade; em segundo lugar, que, se o Ser supremo é o pai dos vícios e autor das iniquidades cometidas, já não será possível punir os culpados e não haverá crimes nem virtudes no mundo. Ora, como não seria possível pensar nesse dogma medonho sem perceber todas as suas contradições, a melhor opção que se faz é declarar-se pela liberdade do homem.

Os partidários da necessidade absoluta dizem, ao contrário, que Deus seria pior que um operário cego que trabalhe na escuridão, se, depois de ter criado o mundo, tivesse ignorado o que deveria ser feito nele. Dizem estes que um relojoeiro conhece a ação da menor engrenagem de um relógio, pois conhece o movimento que lhe imprimiu e sabe para qual destino a fez; e Deus, esse ser infinitamente sábio, seria o espectador curioso e impotente das ações humanas! Como esse mesmo Deus, cujas obras contêm um caráter de ordem, estando todas submetidas a certas leis imutáveis e constantes, teria deixado só o homem gozar de independência [e liberdade]? Já não seria a Providência que governaria o mundo, e sim o capricho dos homens. E, visto que é preciso optar entre o Criador e a criatura, qual dos dois é autômato? É mais razoável acreditar que é o ser no qual reside a fraqueza do que no ser no qual reside a força. Assim, a razão e as paixões são como cadeias invisíveis com as quais a mão da Providência conduz o gênero humano para contribuir com os acontecimentos que sua sabedoria eterna decidiu, [que deveriam ocorrer no mundo, e para que cada indivíduo cumpra o destino].

É assim que, para evitar Caribde, nós nos aproximamos [excessivamente] de Cila, e os filósofos se empurram mutuamente para o abismo do absurdo, enquanto os teólogos se digladiam na escuridão e danam-se devotamente por caridade [e zelo]. Essas facções entram em guerra mais ou menos como os cartagineses e os romanos. Quando em Cartago se temia a presença das tropas romanas na África, levava-se a tocha da guerra para a Itália; e quando, em Roma, queriam desfazer-se de Aníbal, a quem temiam, enviavam Cipião à testa das legiões para sitiar Cartago. Filósofos, teólogos e a maioria dos heróis da argumentação têm o gênio da nação francesa: atacam vigorosamente mas sentem-se perdidos quando reduzidos à guerra defensiva. Foi isso o que levou um grande talento a dizer que Deus é o pai de todas as seitas, pois deu armas iguais a todas, bem como um direito e um avesso. Essa questão sobre a liberdade ou a predestinação dos homens é transposta por Maquiavel da metafísica para a política; no entanto, trata-se de um terreno estranho a esta última, que não poderia alimentá-la; pois, em política, em vez de argumentar se somos livres ou não, se a fortuna e o acaso têm algum poder ou nenhum, devemos propriamente pensar em aperfeiçoar nossa perspicácia e [alimentar] nossa prudência.

Fortuna e acaso são palavras vazias de sentido [nascidas do cérebro dos poetas[162], e] que, ao que tudo indica, têm origem na profunda ignorância na qual estagnava o mundo quando foram dados nomes vagos a efeitos cujas causas eram desconhecidas.

Aquilo que se chama vulgarmente fortuna de César significa propriamente todas as conjunturas que favoreceram os desígnios daquele ambicioso. Aquilo que se entende por infortúnio de Catão são os males inopinados que lhe ocorreram, contratempos nos quais os efeitos se seguiram tão

---

162. Observe-se a eliminação dessas palavras por Voltaire; ele não gosta que falem mal dos poetas (ver como refuta Pascal ou Montesquieu nesse campo).

O anti-Maquiavel

subitamente às causas, que sua prudência não pôde prevê-los nem contrariá-los[a].

Aquilo que se entende por acaso poderia muito bem ser explicado pelo jogo de dados. Diz-se que, por efeito do acaso, meus dados deram doze, e não sete. Para decompor esse fenômeno fisicamente, seria preciso *prestar atenção a muitas coisas, como*[b] a maneira como se fez o dado entrar no copo, os movimentos da mão mais ou menos fortes, mais ou menos reiterados que fizeram o copo girar e imprimiram um movimento mais rápido ou mais lento aos dados [quando são jogados na mesa]. São essas causas [que acabo de indicar] que, tomadas em conjunto, chamam-se acaso. [Um exame dessa natureza, no qual é preciso muita discussão, demanda um espírito filosófico e atento; mas, como não é do feitio de todos aprofundar-se nas matérias, prefere-se evitar esse trabalho. Admito que nos damos por satisfeitos quando nos limitamos a um nome que não tem realidade alguma; por isso, de todos os deuses do paganismo, a fortuna e o acaso foram os únicos que nos restaram. Isso não é tão ruim, pois os imprudentes apontam como causa de sua infelicidade os revezes da fortuna, assim como aqueles que, sem mérito eminente, têm sucesso no mundo erigem o destino cego como divindade cuja sabedoria e justiça são admiráveis.]

Enquanto formos apenas homens, ou seja, seres muito limitados, nunca seremos completamente superiores àquilo que é chamado de golpes da fortuna. Deveremos arrebatar aquilo que pudermos [, pela sabedoria e pela prudência,] ao acaso e ao acontecimento[c]; mas nossa visão é curta demais para enxergar tudo, e nosso espírito é estreito demais para combinar tudo. [Embora sejamos fracos, é verdade, essa não

....

a. combatê-los.
b. ter os olhos suficientemente bons para enxergar.
c. ao acaso dos acontecimentos.

153

é uma razão para negligenciar as poucas forças que temos; ao contrário, é preciso extrair delas o melhor uso possível, não degradar nosso ser pondo-nos no nível dos brutos, porque não somos deuses. Efetivamente, os homens precisariam nada menos do que a onisciência divina para combinar uma infinidade de causas ocultas e para conhecer até a menor das causas dos acontecimentos, para extrair, com os seus próprios meios, justas conjecturas para o futuro.]

Vejamos dois acontecimentos[d] que mostrarão claramente que é impossível à sabedoria humana prever tudo. O primeiro acontecimento é o da tomada de Cremona pelo príncipe Eugênio, iniciativa planejada com toda a prudência imaginável e executada com um valor infinito. Vejamos como esse projeto malogrou. O príncipe introduziu-se na cidade, de manhãzinha, por um canal de imundícies que lhe foi aberto por um padre com o qual ele tinha entendimentos; ele teria infalivelmente tomado conta da praça-forte, se não tivessem ocorrido duas coisas que não podia imaginar[e]. Em primeiro lugar, um regimento suíço[f] que devia exercitar-se[g] naquela mesma manhã estava de armas em punho e lhe opôs resistência até que o restante da guarnição se reunisse. Em segundo lugar, o guia que de Vaudemont devia levar o príncipe à [a uma outra] porta da cidade, da qual o príncipe deveria apoderar-se, errou o caminho, o que fez o destacamento chegar tarde demais. [Creio que a sacerdotisa de Delfos, espumando de raiva sobre seu tripé sagrado, não teria previsto esses acidentes com nenhum segredo de sua arte.]

O segundo acontecimento a que me referi é o da paz particular que os ingleses firmaram com a França no fim da

....
d. vejamos fatos.
e. duas coisas inopinadas.
f. o chamado *régiment des vaisseaux*.
g. fazer exercícios.

guerra de Sucessão[h]. Nem os ministros do imperador José, nem os grandes filósofos, nem os mais hábeis políticos poderiam ter desconfiado que um par de luvas mudaria o destino da Europa; no entanto, foi o que ocorreu literalmente [, como se poderá ver].

Mylady[i] Marlborough exercia o cargo de grã-mestra da rainha Ana em Londres, enquanto nas campanhas de Brabante seu marido fazia uma colheita de louros e riquezas. Aquela duquesa, com seus favores, sustentava o partido do herói, e o herói sustentava o crédito da esposa por meio de suas vitórias. O partido dos tories, que lhe era oposto e desejava a paz, não conseguia o que queria, enquanto essa duquesa era onipotente junto à rainha. Ela perdeu esse favor por um motivo bastante frívolo: a rainha tinha encomendado um par de luvas [a uma luveira], e a duquesa encomendara outro simultaneamente; impaciente por ter as luvas, ela pressionou a luveira a entregar as suas antes das da rainha. Entrementes, Ana quis ter suas luvas; uma dama[163] [do palácio], que era inimiga de mylady Marlborough, informou a rainha de tudo o que ocorrera, valendo-se de tanta maldade, que a rainha, a partir daquele momento, passou a ver a duquesa como uma favorita cuja insolência ela já não conseguia suportar. A luveira acabou por indispor ainda mais aquela princesa com a história das luvas, que ela lhe contou com toda a perversidade possível. Esse fermento, embora leve, foi suficiente para pôr todos os humores em fermentação e condimentar tudo o que costuma acompanhar uma

....
h. sucessão da Espanha.

i. a duquesa de.

163. Mylady Masham. Em *Memórias de Brandemburgo* (reinado de Frederico III, *in fine*), Frederico não menciona esse episódio; limita-se a escrever: "... na Inglaterra ocorreu uma revolução da qual a Europa acusou o marechal de Tallard. [...] Quer a causa tenha sido esse marechal ou aquilo que se chama acaso, o partido de lorde Marlborough foi derrubado".

desgraça. Os tories e o marechal de Tallard à frente deles prevaleceram-se do fato, que para eles se tornou decisivo. A duquesa de Marlborough caiu em desgraça pouco tempo depois e, com ela, caiu o partido dos wighs e o dos aliados [e] do Imperador. Tal é o jogo das coisas mais graves do mundo: a Providência zomba da sabedoria e das grandezas humanas; causas frívolas e às vezes ridículas muitas vezes mudam o destino [dos Estados e] de monarquias inteiras. Naquela ocasião, mesquinharias de mulheres salvaram Luís XIV de um lance do qual sua sabedoria, suas forças e seu poderio talvez não tivessem conseguido livrá-lo, e obrigaram os aliados a fazer as pazes, mesmo a contragosto[164].

Esse tipo de acontecimento ocorre; mas admito que raramente, e a autoridade deles não é suficiente para desacreditar de todo a prudência e a sagacidade; é como o que acontece com as doenças, que às vezes alteram a saúde das pessoas, mas não as impedem de gozar na maior parte do tempo as vantagens de um temperamento robusto.

Portanto, os que precisam governar o mundo devem cultivar a sagacidade e a prudência; mas não é só isso; pois, se quiserem cativar a fortuna, precisarão aprender a dobrar seu temperamento às conjunturas, o que é muito difícil.

De modo geral, falo apenas de dois tipos de temperamento: o da vivacidade ousada e o da lentidão circunspecta; e, como essas causas morais têm causa física, é quase impossível um príncipe ser tão senhor de si que ostente todas as cores, como um camaleão. Alguns séculos favorecem a glória dos conquistadores e dos homens ousados e audaciosos que parecem ter nascido [para agir e] para realizar mudanças extraordinárias no universo. [São favorecidos por]

....
164. Frederico não desconfiava que ele mesmo seria salvo mais tarde em circunstâncias ainda mais desesperadoras. Mas é interessante ver nele já nesse momento essa filosofia superior, temperada por uma crença conveniente na eficácia do esforço humano.

_____O anti-Maquiavel_____

revoluções, guerras e, principalmente, por um espírito[j] de vertigem e suspeição que criam desinteligências entre os soberanos [, dando-lhes ocasião para pôr em ação seus talentos perigosos; em suma, todas as conjunturas que simpatizam com sua natureza turbulenta e ativa facilitam seus feitos[165].]

Há outros períodos em que o mundo, menos agitado, parece querer ser regido apenas pela mansidão, nos quais só há necessidade de prudência e circunspecção; é uma espécie de calmaria feliz na política, que em geral ocorre depois da tempestade; é então que as negociações são mais eficazes do que as batalhas, e cabe ganhar pela pluma aquilo que não seria possível conquistar pela espada.

Para que pudesse tirar proveito de todas as conjunturas, um soberano precisaria aprender a adequar-se a seu tempo, como hábil piloto [que desfralda todas as velas quando os ventos lhe são favoráveis, mas navega à bolina ou até mesmo as arria quando a tempestade a tanto o obriga, preocupando-se apenas em conduzir sua embarcação para o porto desejado, independentemente dos meios que utilize para consegui-lo].

O general que fosse circunspecto e temerário[k] na hora certa seria quase invencível; [haveria ocasiões em que ele prolongaria a guerra, como quando estivesse diante de um inimigo que carecesse de recursos para arcar com as despesas de uma guerra prolongada, ou quando o exército oposto estivesse passando por uma carestia de víveres e de forragem.] Fábio punha Aníbal em xeque[l] com suas delongas;

....

j. não sei que espírito.

165. Correção: "dão a um conquistador oportunidade de tirar proveito dessas rixas. Até Fernando Cortez, não houve quem, na conquista do México, não tivesse sido favorecido pelas guerras civis dos americanos".

k. ousado.

l. solapava.

aquele romano não ignorava que o cartaginês não tinha dinheiro nem recrutas e que, mesmo sem combater, bastaria ficar olhando tranquilamente aquele exército definhar para, digamos, fazê-lo morrer de inanição. A política de Aníbal, ao contrário, era combater; seu poder não passava de força acidental, da qual era preciso extrair com rapidez todas as vantagens possíveis, para conseguir solidez por meio do terror imposto pelas ações brilhantes e heroicas e pelos recursos extraídos das conquistas.

No ano de 1704, se o eleitor da Baviera e o marechal de Tallard não tivessem saído da Baviera para avançar até Blenheim e Hochstädt, teriam continuado no domínio de toda a Suábia; pois o exército dos aliados, não podendo subsistir na Baviera por falta de víveres, teria sido obrigado a retirar-se em direção ao Main e a desmembrar-se. Portanto, foi falta de circunspecção, quando ainda havia tempo hábil, o fato de o eleitor ter confiado à sorte de uma batalha, eternamente memorável e gloriosa para a nação alemã, aquilo cuja conservação só dependia dele. Essa imprudência foi punida com a derrota total dos franceses e dos bávaros e com a perda da Baviera e de toda aquela região que fica entre o Alto Palatinado e o Reno. [A temeridade é brilhante, admito, ela impressiona e deslumbra; mas não passa de bela exterioridade e é cheia de perigos. A prudência é menos vívida, tem menos brilho, mas anda com passos firmes e sem vacilar.]

Não se fala[m] dos temerários que pereceram; só se fala daqueles que foram ajudados pela fortuna. É o que acontece com os sonhos e as profecias: entre mil que foram falsos e esquecidos, é lembrado apenas um pequeno número dos que se mostraram reais[n]. O mundo deveria julgar os acontecimentos por suas causas, e não as causas pelo acontecimento.

....

m. de modo geral.

n. do pequeníssimo número que se realizou.

O anti-Maquiavel

Concluo, portanto, que um povo corre muito risco com um príncipe temerário°; que é um perigo contínuo a ameaçá-lo; e que o soberano circunspecto, embora não seja adequado para os grandes feitos, parece [nascido com talentos mais capazes que os do primeiro tipo para tornar os povos felizes sob sua dominação. O forte dos temerários são as conquistas; o forte dos prudentes é a conservação delas[166]].

Para que estes e aqueles sejam grandes homens, é preciso que venham ao mundo na hora oportuna, pois sem isso os talentos lhes são mais perniciosos que proveitosos. Todo homem razoável e, principalmente, aqueles que foram destinados pelo céu para governar os outros deveriam traçar um plano de conduta tão bem meditado e coerente quanto uma demonstração geométrica. Seguindo fielmente um sistema desses, seria possível conhecer o meio de agir de modo consequente e nunca se afastar do objetivo; seria possível desse modo conduzir todas as conjunturas e todos os acontecimentos pela rota dos próprios desígnios; tudo contribuiria para a execução dos projetos que tivessem sido traçados.

Mas quem são esses príncipes dos quais exigimos tantos talentos raros? São[p] apenas homens, e é verdade que, segundo a natureza deles, ser-lhes-á impossível cumprir todos os seus[q] deveres; seria mais fácil encontrar a fênix dos poetas e as unidades dos metafísicos do que o homem de Platão. É justo que os povos se contentem com os esforços que os soberanos fazem para chegar à perfeição. Os mais bem-sucedidos deles serão aqueles que se afastarem mais que os outros do _Príncipe_ de Maquiavel. É justo que suportemos

....

o. ousado.

166. Correção: "parece mais nascido para o governo. Um arrisca, mas o outro conserva".

p. serão.

q. tantos.

os defeitos deles, quando estes são contrabalançados por qualidades do coração e por boas intenções; precisamos nos lembrar o tempo todo de que não existe nada perfeito no mundo, de que o erro e a fraqueza são o quinhão de todos os homens. O país mais feliz é aquele onde a indulgência mútua do soberano e dos súditos espalha[r] na sociedade aquela mansidão [amável] sem a qual a vida é um peso difícil de carregar, e o mundo é um vale de lágrimas [em vez de um teatro de prazeres].

CAPÍTULO XXVI[167]

Vimos nesta obra todos os falsos[a] raciocínios com os quais Maquiavel pretendeu nos enganar e *nos levar a confundir celerados com*[b] de grandes homens.

Fiz todos os esforços possíveis *para provar o contrário*[168] e para livrar o mundo do erro no qual muitas pessoas

....

r. espalhasse.

167. Este último capítulo de Frederico não corresponde em absoluto ao último capítulo de Maquiavel, que é dedicado à independência da Itália. Frederico preferiu terminar com considerações pessoais, e é sensível a mudança no título que ele deu: *Diferentes tipos de negociações e razões justas para se fazer guerra*; título modificado assim por Voltaire: ... *e razões que podem ser chamadas de justas...* Ocorre um problema no que diz respeito às correções para o conjunto deste capítulo. Em vez de condensar, simplificar ou eliminar a grandiloquência, como ocorria em todas as correções de Voltaire, às vezes estas são verborrágicas e frequentemente insignificantes, mudando quase sistematicamente e sem utilidade a ordem de certas frases, a tal ponto que precisamos desprezar certo número delas, para não sobrecarregar o texto. Parece que não estamos diante de correções de Voltaire, mas de uma segunda redação de Frederico, uma espécie de exercício de estilo. Portanto, indicamos o essencial, mas nos abstivemos de atribuí-lo a Voltaire.

a. a falsidade dos.

b. apresentando-nos celerados sob a máscara.

168. Correção: "para arrancar do crime o véu da virtude com que Maquiavel o envolvera".

incidem a respeito da política dos príncipes. [Mostrei-lhes que a verdadeira sabedoria dos soberanos é fazer o bem e ser bem-sucedidos em seus Estados; que seu verdadeiro interesse exige que sejam justos[169],] para *que a necessidade não os obrigue*[c] a condenar em outros aquilo que *sua indulgência autoriza em si mesmos*[d]; que *não lhes deve bastar*[e] cometer ações brilhantes *para satisfazer sua ambição e sua glória*[f]; mas *que a isso devem mesmo preferir aquilo que pode tender*[g] à felicidade do gênero humano, [evitando o que possa contribuir para sua ruína. Disse que esse é o único meio de estabelecer sua reputação com base num fundamento sólido e de merecer que a glória de seu nome passe sem sofrer alteração para a posteridade mais remota].

Acrescentarei a isso duas considerações, uma sobre a *maneira de negociar*[h], e a outra [, aquilo que se pode chamar de razões válidas para que um soberano entre em guerra declarada[170]].

Os ministros que os[i] príncipes [mantêm] nas cortes estrangeiras são espiões privilegiados que vigiam a conduta dos reis junto aos quais residem[j]; devem descobrir os projetos de tais príncipes, esclarecer[k] suas atitudes, aprofundar-se em[l] suas ações, para informar seus senhores [e adverti-

....

169. Correção: "Disse aos reis que sua verdadeira política consiste em superar os súditos em virtude."

c. que eles não se vejam obrigados.

d. aquilo que eles autorizam em suas próprias pessoas.

e. não basta.

f. para estabelecer sua reputação.

g. há necessidade de ações que tendam.

h. as negociações.

170. Correção: "os súditos a travar guerra, que com fundamento possa ser chamada de justa".

i. ministros dos.

j. são enviados.

k. aprofundar-se em.

l. prever.

-los] a tempo, [caso percebam ações contrárias a seus interesses]. Um dos principais objetos de sua missão é consolidar[m] laços de amizade entre os soberanos; mas, em vez de serem artesãos da paz, muitas vezes eles são órgãos da guerra. [Sabem desfazer os elos mais sagrados do segredo graças ao atrativo da corrupção; são flexíveis, acomodatícios, hábeis e ardilosos; e, como seu amor-próprio anda de braços dados com o dever, eles se dedicam inteiramente a serviço de seus senhores[171].]

É contra as corrupções e os artifícios desses espiões que os príncipes *devem estar em guarda*[n]. [É necessário que o governo esteja atento às suas atitudes, e que seja informado delas para que, adivinhando-as de antemão, possa prevenir suas perigosas consequências e ocultar aos olhos desses linces segredos cujo vazamento a prudência proíbe. Mas, embora sejam normalmente perigosos, são infinitamente mais perigosos] quando *a importância de sua negociação aumenta*[o]; [e] é então que nunca seria demais os príncipes *examinarem rigorosamente*[p] a conduta de seus ministros, para verificar com atenção se alguma chuva de Dânae não lhes teria afrouxado a austeridade da virtude.

Em tempos *críticos nos quais são firmados tratados e alianças*[q], é preciso que a prudência dos soberanos seja mais vigilante que de ordinário, que eles dissequem bem a natureza das coisas que querem prometer, para [ver se são

....

m. estreitar.

171. Correção: "Empregam adulação, ardil e sedução para arrancar segredos de Estado aos ministros; ganham os fracos com destreza, os orgulhosos com palavras e os interesseiros com presentes; em suma, às vezes fazem todo o mal que podem; pois acreditam pecar por dever e estão seguros da impunidade."

n. devem tomar justas precauções.

o. o assunto da negociação se torna mais importante.

p. os príncipes precisam examinar rigorosamente.

q. de crise nos quais se negociam alianças.

de tal molde] que eles poderão[r] cumprir seus compromissos; [que considerem os tratados que lhes são propostos sob todos os seus aspectos, para prever as consequências e julgar se eles poderiam servir de base para a felicidade sólida ou para a vantagem real dos povos, ou se não passam de paliativos e de produto do artifício e do ardil de outros soberanos[172].] [Ademais,] é preciso acrescentar a todas essas precauções o cuidado de esclarecer bem os termos, é preciso que o gramático meticuloso preceda o político hábil, para que não possa ocorrer a distinção fraudulenta entre espírito e letra do tratado. [E não há dúvida de que os grandes homens nunca lamentaram o tempo que dedicaram à reflexão antes de agirem, porque, depois de terem assumido compromissos, não haverá ensejo de arrepender-se; ou pelo menos tem menos censuras para fazer-se quem empregue todos os recursos da sabedoria em suas resoluções do que quem tome decisões com arroubo e as execute com precipitação[173].]

Nem todas as negociações são feitas por ministros credenciados; frequentemente são enviadas pessoas sem credenciamento específico para lugares outros onde são feitas propostas *que não possam melindrar ninguém*[174]. As preliminares da última paz foram concluídas dessa maneira entre o Im-

....
r .possam.

172. Correção: "Um tratado, considerado sob todos os seus aspectos, deduzido com todas as suas consequências, é algo bem diferente do que quando alguém se limita a considerá-lo de modo geral. O que parecia uma vantagem real, se examinado de perto, passa a ser um miserável paliativo que tende à ruína do Estado."

173. Correção: "Em política, deveríamos fazer uma coletânea de todos os erros que os príncipes cometeram por precipitação, para uso daqueles que queiram fazer tratados ou alianças. O tempo de que precisariam para lê-la seria o necessário para reflexões que só poderiam ser salutares."

174. "... com mais liberdade porque comprometem menos a pessoa do soberano".

perador e a França, sem que o Império e suas potências marítimas soubessem; essa acomodação ocorreu em casa de um conde do Império que tem terras à margem do Reno[175].

Vítor Amadeu, o príncipe mais hábil e artificioso de seu tempo, conhecia mais do que ninguém [no mundo] a arte de dissimular seus propósitos. *Enganou o universo*[s] várias vezes com seus ardis, entre outras coisas, como quando o marechal de Catinat, vestindo o hábito de monge e a pretexto de trabalhar para a salvação daquela alma régia, retirou aquele príncipe do lado do Imperador e fez dele um prosélito da França. Aquela negociação, *que foi feita entre os dois unicamente*[t], foi conduzida com tanta destreza, que a [nova] aliança da França e da Sardenha pareceu *aos políticos do tempo*[u] um fenômeno inopinado [e extraordinário].

Não proponho esse exemplo para justificar[v] a conduta de Vítor Amadeu; [minha pluma é tão pouco misericordiosa com a trapaça dos reis quanto com a deslealdade dos particulares. Pretendo simplesmente mostrar as vantagens de uma conduta discreta e o proveito que se pode tirar da habilidade, desde que esta não seja usada para nada de indigno e desonesto[176].]

Portanto, como regra geral, os príncipes devem escolher os espíritos mais superiores para empregá-los nas negociações difíceis; é preciso contar com homens que sejam não só astuciosos e maleáveis para insinuar-se, mas também

....

175. Em casa do conde de Wied ou Neuwied, em 1735. Essa negociação fora secreta. Em suas *Memórias de Brandemburgo*, Frederico se queixa dela em nome de seu pai.

s. a Europa foi enganada.

t. entre o rei e o general.

u. à Europa.

v. justificar nem censurar.

176. Correção: "Pretendi louvar em sua conduta apenas a habilidade e a discrição, que, quando usadas para um fim honesto, são qualidades absolutamente necessárias no soberano."

_____O anti-Maquiavel_____

tenham bom golpe de vista para ler *nos olhos*ʷ os segredos dos corações, [e para julgar, pelos gestos e pelas mínimas atitudes, as intenções secretas dos outros,] para que nada escape à sua perspicácia e que tudo seja descoberto pela força de seu raciocínio.

[Os soberanos só deveriam valer-se de astúcias e sutilezas da maneira como uma cidade recém-atacada se vale dos fogos de artifício, simplesmente para descobrir os planos dos inimigos. Aliás, caso deem demonstrações sinceras de probidade, obterão infalivelmente a confiança da Europa[177];] serão felizes sem trapaça e poderosos graças apenas à sua virtude. A paz e a felicidade de um país é o objetivo natural das negociações; é um centro no qual todos os diferentes caminhos da política devem reunir-se.

A tranquilidade da Europa baseia-se principalmente na manutenção desse sábio equilíbrio com o qual a força superior *de alguns soberanos*ˣ é contrabalançada pelas forças reunidas de algumas outras potências. Se esse equilíbrio vier a faltar, é de temer a ocorrência de uma revolução geral e o estabelecimento de uma nova monarquia sobre os destroços dos príncipes que se tornaram frágeis [e impotentes] pela desunião.

A política dos príncipes da Europa, portanto, parece exigir que eles nunca percam de vista [as negociações,] os

....
w. na fisionomia dos outros.

177. Correção: "Não se deve abusar da astúcia e da sutileza; ocorre com elas o que ocorre com os condimentos, cujo uso excessivamente frequente nos cozidos embota-lhes o gosto, fazendo-os no fim perder o que têm de picante, porque o paladar acostumado demais já não o sente.

"A probidade, ao contrário, é para todos os tempos; é semelhante a alimentos simples e naturais que convêm a todos os temperamentos e tornam o corpo robusto sem aquecê-lo.

"O príncipe cuja sinceridade seja conhecida obterá infalivelmente a confiança da Europa, será feliz..."

x. de uma monarquia.

Frederico II

tratados e as alianças com os quais podem *estabelecer a igualdade entre os príncipes mais temíveis*[178], e *evitem cautelosamente tudo o que possa*[y] semear entre eles cizânia e desunião [que cedo ou tarde serão mortais. Certa predileção por uma nação, aversão por outra, preconceitos de mulher, rixas particulares, pequenos interesses, minúcias nunca devem ofuscar os olhos daqueles que governam povos inteiros. Eles precisam visar o grande e sacrificar sem vacilar as ninharias pelo que é principal. Os grandes príncipes sempre se esqueceram de si mesmos para pensar apenas no bem comum; significa que sempre se abstiveram cuidadosamente de prevenções para poderem abraçar seus verdadeiros interesses. A recusa que os sucessores de Alexandre demonstraram à união contra os romanos era semelhante à aversão que algumas pessoas têm à sangria, cuja omissão pode levá-las a contrair uma febre altíssima ou causar-lhes vômito de sangue, após o que os remédios muitas vezes já não são aplicáveis. Assim, a imparcialidade e o espírito isento de preconceitos são coisas tão necessárias em política quanto em justiça; numa, para comportar-se sempre segundo requer a sabedoria; noutra, para nunca lesar a equidade[179]].

O mundo seria bem feliz se o único meio de manter a justiça e restabelecer a paz entre as nações fosse a negociação. Seria possível empregar argumentos em vez de armas, havendo discussão em vez de matanças. Uma desagradável necessidade obriga os príncipes a recorrer a um caminho muito mais cruel [, funesto e odioso]; há ocasiões em que é

....

178. "... igualar as forças de uma potência ambiciosa".

y. devem desconfiar daqueles que queiram.

179. Correção: "Cabe lembrar aquele cônsul que, para mostrar como é necessária a união, pegou um cavalo pelo rabo e fez esforços inúteis para arrancá-lo; mas, quando tomou crina a crina para separá-las, conseguiu facilmente o que queria. Essa lição é tão própria para certos soberanos de nossos dias quanto o era para os legionários romanos; só a união pode torná-los temíveis e manter a paz e a tranquilidade na Europa."

O anti-Maquiavel

preciso defender pelas armas a liberdade dos povos que queiram oprimir por injustiça, em que é preciso obter pela violência o que a iniquidade [dos homens] recusa à mansidão, e em que os soberanos, [nascidos árbitros das disputas deles, só conseguem solucioná-las medindo forças e confiam^z sua causa à sorte das batalhas. É em casos semelhantes que se torna verdadeiro o paradoxo de que uma boa guerra possibilita e consolida uma boa paz.

[Examinemos agora em que ocasião os soberanos podem empreender guerras sem precisarem arrepender-se pelo sangue derramado de seus súditos sem necessidade ou por vaidade e orgulho.]

De todas as guerras, as mais justas [e das quais menos podemos nos abster] _são as defensivas_ [quando as hostilidades dos inimigos obrigam os soberanos a tomar medidas justas para resistir aos ataques e quando têm necessidade de rechaçar a violência com a violência. A força de seus braços os sustenta contra a cupidez dos vizinhos, e o valor de suas tropas garante a tranquilidade dos súditos; e, assim como é justo expulsar um ladrão quando ele tem a intenção de cometer um roubo em nossa casa, também é um ato de justiça dos poderosos e dos reis obrigar pela força das armas os usurpadores a sair de seus Estados.] _As guerras que os soberanos travam para a manutenção de alguns de seus direitos e pretensões que possam ser disputados não são menos justas que as primeiras de que acabamos de falar._ [Como não há tribunais superiores aos reis e como nenhum magistrado no mundo julga os seus litígios,] _cabe aos combates decidir seus direitos e julgar a validade de suas razões_[180]. Os soberanos argumentam de armas nas mãos [e, se puderem, obrigam os

....
z. devem confiar.
180. Em lugar de todo o parágrafo:
"Há guerras defensivas, e sem dúvida essas são as mais justas. Há guerras de interesse que os reis são obrigados a travar para manter direitos que lhes

Frederico II

que os invejam a deixar o caminho livre para a justiça de sua causa. Portanto, é para manter a equidade no mundo e para evitar a escravidão que se trava esse tipo de guerra; isso torna seu uso sagrado e o dota de utilidade indispensável.

Há guerras ofensivas que são tão justas quanto aquelas de que acabamos de falar: são guerras de precaução que os príncipes travam com toda a sabedoria quando a grandeza excessiva das maiores potências da Europa parece perto do exagero e ameaça engolir o universo. Percebe-se a formação de uma tempestade, e seria impossível conjurá-la sozinho; assim, ocorre a reunião de todos aqueles que tenham os mesmos interesses diante de um perigo comum[181]. Se os outros povos se tivessem reunido contra o poderio romano, este nunca teria conseguido subverter tantos grandes impérios; uma aliança prudentemente projetada e uma guerra vivamente travada leva ao malogro esses projetos ambiciosos cuja consecução acorrentou o universo.

Quer a prudência que prefiramos os males menores aos maiores, _e que entremos em ação enquanto isso estiver em nosso poder_[182]. Portanto, é melhor travar uma guerra ofensiva quando se tem a liberdade de optar entre o ramo de oliveira e o ramo do loureiro, do que ficar à espera dos

....

são contestados; eles argumentam de armas nas mãos, e os combates decidem da validade de suas razões."

181. Frase desenvolvida:

"É prudente opor-lhe represas e deter o curso da torrente sempre que se tenha esse poder. Percebe-se a reunião das nuvens, a formação de uma tempestade, o anúncio desta pelos relâmpagos; o soberano ameaçado por esse perigo, não podendo conjurar sozinho a tempestade, se for prudente se reunirá com todos aqueles que tenham os mesmos interesses diante do mesmo perigo. Se os reis do Egito, da Síria e da Macedônia tivessem formado uma liga contra..."

Esse remanejamento verborrágico mostra bem que neste último capítulo não estamos diante de correções de Voltaire.

182. Correção: "... e que escolhamos a opção mais segura, excluindo as incertas".

_____*O anti-Maquiavel*_____

tempos desesperados em que uma declaração de guerra só pode retardar em alguns momentos a escravidão [inteira] e a ruína. [Embora essa situação seja desagradável para um soberano, este não poderia fazer nada melhor do que utilizar suas forças antes que os arranjos de seus inimigos, atando-lhe as mãos, o levem a perder o poder[183].] As alianças podem também levar os príncipes a entrar nas guerras de seus aliados, fornecendo-lhes o número de tropas auxiliares que tenha sido convencionado pelos tratados. Os soberanos, como não poderiam prescindir de alianças, pois poucos ou nenhum pode[a] sustentar-se por suas próprias forças, comprometem-se a socorrer-se mutuamente em caso de necessidade [e a assistir-se reciprocamente com determinado número de tropas;] isso contribui para a sua conservação e para a sua segurança. Portanto, é o acontecimento que decide qual dos aliados colherá os frutos da aliança. Mas, como a ocasião que favorece uma das partes contratantes em determinado momento pode também favorecer aquele que fornece auxiliares em outras conjunturas, é da prudên-

....
183. Correção: "É correto o princípio de que mais vale prevenir do que remediar: os grandes homens sempre se deram bem com ele."

Esse princípio de guerra preventiva, que põe em questão todo o maquiavelismo, foi mais tarde condenado com veemência por Voltaire. Em seu artigo *Guerra do Dicionário filosófico*, ele ressalta um trecho em que Montesquieu autorizava a guerra: "o direito à defesa natural acarreta a necessidade de atacar quando um povo vê que uma paz mais longa deixaria o outro em condições de destruí-lo" (*Espírito das Leis*, X, 2). Voltaire vê nisso o espírito "das leis de Borgia e de Maquiavel" (acaso ele não teria alguma lembrança deste último capítulo maquiavélico do *Anti-Maquiavel?*) e refuta vivamente essa proposição, mostrando que se pode aumentar o próprio poderio sem passar à ação militar, e que a guerra, aliás, é uma fonte de ruínas tanto para uns como para outros.

Podemos perguntar se, condenando este último capítulo escrito por Frederico, ele não terá justamente evitado intervir (a não ser na correção do título), e se essa abstenção não explicaria o aspecto verborrágico das duas versões, tanto a de Amsterdam quanto a do manuscrito.

a. pois não há nenhum na Europa que possa.

cia dos príncipes observar religiosamente a fé dos tratados e cumpri-los com escrúpulo [principalmente porque o interesse de seus povos é que semelhantes alianças tornem mais eficaz a proteção dos soberanos, fazendo que seu poder seja mais temível para os inimigos[184].]

Portanto, todas as guerras que forem travadas para[b] [, depois de exame rigoroso,] rechaçar os usurpadores, assegurar direitos legítimos, garantir a liberdade do universo [e evitar a opressão e a violência dos ambiciosos] estão em conformidade com a justiça [e a equidade]. Os soberanos que travam guerras semelhantes são inocentes do sangue derramado, pois tiveram necessidade de agir e, naquelas circunstâncias, a guerra era um mal menor do que a paz.

[Esse assunto me leva naturalmente a falar dos príncipes que comerciam o sangue de seus povos num negócio infame. Suas tropas pertencem a quem oferecer mais; é uma espécie de leilão no qual aqueles que fazem o maior lance em subsídios levam para o matadouro os soldados desses indignos soberanos. Esses príncipes deveriam envergonhar-se da covardia com que vendem a vida dos homens que deveriam proteger como pais dos povos; esses pequenos tiranos deveriam ouvir a voz da humanidade, que detesta o cruel abuso que fazem de seu poder e que por isso mesmo os julga indignos da mais alta fortuna e das coroas que não têm[185].]

....
184. Correção: "... principalmente porque por meio das alianças eles tornam sua proteção mais eficaz para seus povos".

b. que só tiverem por objetivo.

185. Correção: "Antigamente, alguns príncipes, sem pensar em obter aliados, só tinham em mente vender seus soldados e comerciar o sangue de seus súditos. A instituição do soldado é para a defesa da pátria; alugá-los a outros, como se vendem drogas e touros de combate, parece-me que é perverter ao mesmo tempo o objetivo do negócio e da guerra. Diz-se que não é permitido vender coisas santas: ora, o que haverá de mais sagrado que o sangue humano?"

[Expliquei-me suficientemente no capítulo vinte e um sobre as guerras de religião; acrescento também que um soberano deve fazer o que puder para evitá-las, ou pelo menos deve prudentemente mudar o estado da questão, pois com isso diminuirá a peçonha, a tenacidade e a crueldade que em todos os tempos foram inseparáveis das brigas de facções e dos litígios de religião. Nunca seria demais condenar, aliás, aqueles que, com um abuso criminoso, utilizam em tudo o que fazem os termos justiça e equidade e, com uma impiedade sacrílega, fazem do Ser supremo o escudo de sua abominável ambição. É preciso ter uma canalhice infinita para enganar o público com pretextos tão levianos, e os príncipes deveriam poupar o sangue de seus povos para não desperdiçar a vida de seus soldados, fazendo um mau uso do valor deles[186].]

A guerra é tão fecunda em desgraças, seu resultado é tão imprevisível, e suas consequências são tão ruinosas para um país, que nunca seria demais os soberanos refletirem antes de empreendê-la[c]. [Não falo da injustiça e das violên-

....
186. Remanejamento e desenvolvimento:

"Quanto às guerras de religião, se forem guerras civis, são quase sempre consequência da imprudência do soberano, que inoportunamente favoreceu uma seita em desfavor de outra, que restringiu ou estendeu demais o exercício público de certas religiões, que, sobretudo, deu peso a brigas facciosas, que nada mais são que centelhas passageiras, quando o soberano não se imiscui, e tornam-se verdadeiros braseiros quando ele as fomenta.

"Manter o governo civil com vigor e dar liberdade de consciência a cada um, ser sempre rei e nunca bancar o sacerdote, esses são sem dúvida os meios de proteger o Estado das tempestades que o espírito dogmático dos teólogos procura frequentemente excitar.

"As guerras estrangeiras de religião são o cúmulo da injustiça e do absurdo. Partir de Aix-la-Chapelle para, de espada na mão, ir converter saxões, como fez Carlos Magno, ou equipar uma frota para ir propor ao sultão do Egito que se torne cristão são empreendimentos bem estranhos. O furor das Cruzadas passou, queiram os céus que não volte jamais!"

c. antes de travá-las.

Frederico II

cias que cometem para com seus vizinhos, mas limito-me às desgraças que desabam diretamente sobre seus súditos[187].

Estou convencido de que, se [os reis e] os monarcas vissem _realmente o quadro das misérias populares_[188], não ficariam insensíveis. Mas não têm imaginação suficientemente fértil para prefigurarem em tons naturais os males de que sua condição os põe a salvo[d]. [Seria preciso colocar diante dos olhos de um soberano levado à guerra pelo fogo da ambição todas as funestas consequências que a guerra tem para seus súditos:][e] os impostos que sufocam os povos, as conscrições que carregam toda a juventude do país, as doenças contagiosas dos exércitos, [nas quais morrem tantos homens de miséria,] os cercos mortíferos, as batalhas mais cruéis ainda, os feridos que, perdendo alguns membros, ficam privados dos seus únicos instrumentos de subsistência, [e os órfãos aos quais o ferro inimigo arrebatou alimentos, sustento e aqueles que enfrentavam os perigos e vendiam o sangue ao príncipe][189]; tantos homens úteis ao Estado ceifados antes do tempo! [Nunca houve tirano que, de sangue-frio, tivesse cometido semelhantes crueldades. Os príncipes que fazem guerras injustas são mais cruéis que eles. Ao ímpeto de suas paixões sacrificam a felicidade, a saúde e a vida de uma infinidade de homens que teriam o dever de proteger e tornar felizes, e não expor com tanta leviandade a tudo o que a humanidade mais deve temer. Portanto, é indubitável que nunca seria demais os árbitros

....

187. Correção: "As violências que as tropas cometem num país inimigo nada são em comparação com as desgraças que desabam diretamente sobre os Estados dos príncipes que entram em guerra."

188. "... um quadro real das misérias que uma declaração de guerra acarreta para os povos..."

d. ao abrigo dos quais sua condições os põe.

e. como sentirão.

189. "... a dor dos órfãos que perderam o pai, único sustentáculo de sua fraqueza...".

do mundo serem prudentes e circunspectos em suas atitudes, que nunca seria demais pouparem a vida dos súditos, que não devem ser vistos como seus escravos, mas como seus iguais e, em certos aspectos, como seus senhores[190].]

Rogo aos soberanos, terminando esta obra, que não se ofendam com a liberdade que usei ao lhes falar. Meu objetivo é *prestar uma homenagem sincera à verdade*[f], e não bajular ninguém. A boa opinião que tenho dos príncipes que reinam atualmente no mundo leva-me a julgá-los dignos de ouvir a verdade. [É dos Tibérios, dos Borgias, dos monstros, dos tiranos que devemos ocultá-la, pois ela chocaria diretamente seus crimes e sua canalhice[191].] Graças a Deus, não contamos nenhum monstro[g] entre os soberanos da Europa; [mas, como eles, sabemos que não estão acima das fraquezas humanas;] e o mais belo elogio que podemos fazer é dizer-lhes que ousamos censurar diante deles *todos os crimes dos reis e tudo o que é contrário à justiça e aos sentimentos da humanidade*[192].

....

190. Remanejamento: "Os soberanos que veem seus súditos como escravos os arriscam sem piedade e os veem morrer sem remorsos; mas os príncipes que consideram os homens como seus iguais e veem o povo como o corpo cuja alma eles são poupam o sangue de seus súditos."

f. dizer a verdade, incitar à virtude.

191. "É a Nero, a Alexandre VI, a César Borgia, a Luís XI que não ousaríamos dizê-la."

g. não contamos com tais homens.

192. "... tudo o que degrada a realeza e ofende a justiça".

Todo o final deste último capítulo soa evidentemente falso, quando pensamos na guerra da Silésia, empreendida alguns meses depois. Frederico quis concluir com uma impressão de virtude e de humanidade, mas era muito mais sincero nas páginas anteriores, nas quais os diferentes casos de guerra eram examinados com um realismo mais ou menos íntegro.

Impressão e acabamento:

tel.: 25226368